黒木登志夫 Toshio Kuroki

知的文章術門

岩波新書
1897

はじめに

読書は充実した人間を作り、会話は気がきく人間を、書くことは正確な人間を作る。

フランシス・ベーコン『ベーコン随想集』[1]

文章力を問われている

一定以上の教育を受けた以上、われわれは、一生文章を書き続けなければならない。高校、大学では、レポートが課せられる。大学を卒業するためには、卒業論文が必須だ。会社に入れば、企画書、調査書、報告書をまとめる仕事に追いかけられる。研究の世界では、論文で評価される。われわれは、一生、文章を書き、書類をまとめなければならないうえに、その出来具合で評価されるのだ。誰もが感心するような、説得力があり、方針を決めるのに役に立つような報告書であれば、評価が高くなる。しかし、いくら読んでも分からないような文書では、よい評価を得られるはずがない。単なるレポート、報告書と馬鹿にしてはいけない。その執筆は、将来を左右する大事な仕事なのだ。

文章を書くのは、正直、難しい。毎日、メールを書いているのに、まとまった文章を書くのは容易ではない。書きたいことはいろいろあるのだが、いざ、コン

ピュータに向かうと考えがまとまらず、思い悩み、なかなか進まない。メールを見直したり、ネットサーフィンをしたりしているうちに、時間はどんどん経ってしまう。

　大事であることが分かっているのに、日本では文章の書き方、文書のまとめ方は、きちんと教えられないまま、学生は大学を卒業し社会に送り出される。会社でも役所でも、特別な教育を受けることなく、放置されたままである。そのためもあり、世の中には分かりにくい文章が、大手を振って出回っている。日本語に関わる能力低下の影響は、それだけに止まらない。情報を読み解く力と発信力、英語に関連する能力など、現代社会で求められる知的能力の基本は、母語である日本語なのだ。日本語を大事にしよう。

知的文章と知的文書

　『広辞苑第七版』で調べると、「知的」を「②知識・知性の豊かなさま。理知的」と定義している。私は、「知的」であることを、筋道を立てて物事を考え、分析し、理解し、判断することと考える。知的であるのが大事なことは、寅さんが教えてくれる。

　映画『男はつらいよ——寅次郎サラダ記念日』(第40作、1988年)には、受験に悩む甥の満男が、大学に何のために行くのか、何のために勉強するのかと、寅さんに聞く場面がある[2]。

　「お前は難しいことを聞くなあ……つまり、あれだよ、ほら、人間、長い間生きてりゃあ、いろいろなことにぶつかるだろう。な、そんな時、オレみたいに勉強していないヤツは、振ったサイコロの目で決めるとか、その時の気分で決めるよりしょうがない。ところが、勉強したヤツは、自分の頭できちんと筋道立てて、はて、こういう時はどうしたらいいかな、と考えることができるんだ」

　寅さんが言うように「自分の頭できちんと筋道を立てて」考えた結果を文章に書き、文書としてまとめる方法が「知的文章術」である。学生のときも、社会人になっても、知的文章から逃れられない。一定以上の教育を受け、一定以上の責任ある職業に就いた人は一生、知的文章と付き合わねばならないのだ。

　知的文章には、正確さ、客観性、論理性、批判力などの条件が求められる。このような条件を言われると、難しい文章になりがちであるが、知的文章では、誰にでも理解できるように、分かりやすく書くことが要求される。知的文章術は、文系、理系を問わず、学生、社会人を問わず、すべてに共通して必要である。

　本書では、論文をはじめ報告書やレポートなど、事実を分かりやすく、正確に伝えることを主眼とした文

章を「知的文章」と定義して、その書き方について私の経験からまとめた。

情報の時代

われわれは情報に囲まれている。新聞、ラジオ、テレビに加え、インターネットにアクセスすれば、情報があふれている。情報の時代に生きるわれわれは、にせ情報——フェイク・ニュースに振り回されず、信頼の置ける情報を集め、それをもとに自分の考えをまとめることが求められる。情報を読み解く力なくして、われわれは現代社会で生き残れない。しかし、残念ながら、日本の生徒の情報を読み解く力は落ちていることが、2018年の国際的な学習到達度調査によって明らかになった(p. 105)。

情報を読み解く力と並んで、発信力もまた情報時代を生き抜く上で欠かすことができない。自分の考えることを分かりやすく発信するプレゼンテーション能力は、自身の才能を人に認められてもらううえで非常に大事である(第5章)。

コロナ禍にあった2020年来、オンライン授業という新しい授業方式が行われるようになった。この方式はポスト・コロナの世界になっても継続されるであろう。その重要性に鑑み、オンライン授業と会議についても問題点を整理した。

英語による支配

加えて、日本語だけでやっていけるような世の中ではない。アカデミアの世界もビジネスの世界も国際化され、英語が支配する時代になってすでに久しい。われわれは英語の資料を読み、英語でメールを受信・発信し、報告書をまとめ、英語で討論しなければ、生き残れない。

英語は、コンピュータと同じように、社会で生きていくために必要な技術である。本書のテーマである知的文章術は、英語にも共通して必要である。

知的文章に相当する英語としては、次のような表現がある。

logical writing
critical thinking
creative writing

文系・理系を超えて

日本の教育システムには大きな誤解がある。それは、文系と理系という区分けである。高校生になると、早々と文系、理系に分けられて教育を受ける。数学が苦手だから文系とか、理系なので文章が下手だとか、平気で言ったりする。哲学者の鷲田清一が言うように、文系、理系に分けるのは、かなり旧態依然とした考えに基づいている[3]。

理系、つまり自然科学は人間のいとなみとは関係なく生生流転する〈自然〉の世界を対象にしているのに対し、文系の学問、つまり人文・社会科学は……人間の精神活動によって媒介されてはじめて存立しうるそういう事象を扱うとされる。……文系／理系の区別は意外にも、かなり旧態の思考様式に則っていると言わざるをえない。……文系／理系はこのように、それが取り扱う対象によっても、ディシプリンとしての方法や様式によっても、単純に区別できるものではない。

　少なくとも、イギリスやアメリカでは、大学の初めまでは、文系、理系に区別して教育することはない。文系、理系に相当する英語はないが、アメリカには、理系教育を指す言葉として STEM (Science, Technology, Engineering and Mathematics) がある(自然科学、技術、工学、数学を対象としている)。医学(Medicine)を含む場合は、STEMM という。

　文系、理系に区別して教育することの何が問題なのだろうか。文系、理系のそれぞれの研究分野は、長い歴史と広い背景をもち、莫大な知識を蓄積している。それぞれに特化した教育をすれば、専門領域での学習効率は上がるだろう。しかし、社会はそれほど単純ではない。気候変動にしてもパンデミックにしても、自

然科学だけでは解決できない問題である。社会・経済への影響を考え、同時に将来に向けた広い洞察力が必要とされる。必要なのは、いくつもの方向から考えることができる視野の広い人材である。

本書で取り上げるのは、文系、理系にかかわらず、すべての分野に共通して大事なことである。文章の書き方において、文系と理系の間に違いのありようがないのだ。

著者について

私は文章論の専門家ではないし、日本語、英語を学問として学んだこともない。医学部を卒業して以来、がんの研究者として40年間研究をし、その後は管理職として高等教育と科学技術政策に関わってきた。その間にたくさんの論文、単行本を日本語と英語で書きながら、自分なりに文章の書き方を身につけた[4]。

そのうえ「末期高齢者」であるが、今でも日本学術振興会において、科学技術行政に関わり、日本語と英語で論文を書き続けている。必要に迫られてコンピュータも駆使している。本書には、60年あまり現場で鍛え上げられた文章力、情報収集力、プレゼン力、英語力習得のノウハウをいっぱいに詰め込んだ。

本書の構成

本書の全8章のうち第1〜3章は、日本語論と文章

論が中心となる。母語である日本語がすべての基礎であること、簡潔・明解・論理的という文章の「知的三原則」、論理単位としてのパラグラフ（段落）の大事さ、「コピペ」はなぜ悪いのか、などについて説明する。第4〜5章には、デジタル技術を生かし、情報を集め、読み解くときに大事なこと、ウィキペディアの使い方、上手なプレゼンテーション、オンライン授業など実際的な方法を示す。そして最後の第6〜8章では、英語の世紀に生きる心構え、英語を読み、聞き、話し、書くときのノウハウを述べる。

本書を読んでほしい人たち

本書を書くにあたって念頭にあった読者は、文系、理系を問わず、日本語の知的文章の書き方を正式に習わないまま大学に入ってきた学生諸君、大学でも教えられないまま卒業し、社会に出た人たちである。さらに、分かりにくい文章を平気で書いている中央・地方官庁や、大中小企業の方にもぜひ読んでいただきたい。

本書は、知的文章術の入門書というだけでなく、知的生き方のすすめ、といってもよいかもしれない。デジタル時代、国際化社会にあって、文章を書き、文書をまとめることにストレスを抱えている学生諸君、社会人への一助になることを願う。

目　次

はじめに

第3章　さあ、書き始めよう

最初から英語で、はっきりと書く／I think を使わない／冗長な表現は禁物／力強い動詞を使って能動態で書く／修飾語／関係代名詞／冠詞／冠詞を間違えても気にすることはない／お手本を探す／ネイティブに読んでもらう

章扉絵：永沢まこと

第 **1** 章

日本語を大切に

1. 日本語教育

　日本語を母語とするわれわれは、意識せずに日本語で生活している。毎日、友人と話をし、スマホで日本語を読み、テレビやラジオで日本語を聞き、日本語でメールを書いているので、いまさら日本語を勉強する必要などはないと思っているに違いない。確かにその通りかもしれない。しかし、人の前で、自分の意見を話すとき、あるいは、調べたことを文章に書くとき、自分の言いたいことが相手に伝わっているだろうか。

　そもそも、われわれは、きちんとした文章を書くための日本語教育を受けていないのだ。作家の水村美苗によれば、「思えば日本人は、日本語を実に粗末に扱ってきた」のである[5]。

　本当にこれでよいのであろうか。われわれ日本人は、もっと日本語と真剣に向き合い、自らの母語の能力を向上させなければならないのではなかろうか。国際化し、世界と相対する時代だからこそ、日本語がこれまでにもまして大事になってきたのだと思う。それは、この本の底辺を支えるテーマでもある。

　母語は、すべての知的活動の基本である。考えるときも、表現するときも、われわれは、まず、第一に日本語を使う。完全なバイリンガルを除けば、母語以上に外国語が上手であることなどあり得ない。知的表現

技術のすべての基本に日本語があるのだ。まず、母語の重要性を認識しよう。

水村は『日本語が亡びるとき——英語の世紀の中で』に次のように書いている[5]。

　　日本に日本語があるのは、今まで日本に水があるのがあたりまえであったように、あたりまえのことだとしか思ってこなかった。水は日本列島の中央を走る山の頂からこんこんと湧き出てはいくつもの川に分かれて人をも森をも田畑をも潤してきた。そんな日本に住む私たちは、水を大切にしなくてはなどと思う必要もなく生きてきた。それと同様、日本語を大切にしなくてはなどと思う必要もなく生きてきた。

母語と母国語

ほとんどの日本人にとって、母語イコール母国語であるため、この二つは混同されることが多い。

母語は、幼少の頃、母親（あるいは父親）から自然に習得した言葉である。英語では "mother language (tongue)" "native language" "first language" という。母国語は、自分の国の言葉という意味であるが、国籍をもつ国の公式言語と母語は必ずしも一致しない。たとえば、テニスの大坂なおみ選手は日本国籍であるが、母語は英語である。ちなみに英語には母国語に相当す

る単語はない。

　同じようなことは、「我が国」と「日本」、「国語」
と「日本語」についてもいえる。「日本」の意味で
「我が国」という人は、日本国籍以外の人が、日本に
いることを意識していないことになる。

日本語の教育

　そもそも日本では、日本人は日本語ができるのが当
然という前提で、日本語教育に時間を割かないできた。
それに比べると、欧米諸国では、母語を徹底的に教え
ている。それは、言葉が一人ひとりのアイデンティテ
ィーに関わるからだ。

　イギリスやアメリカの大学には、文章執筆のための
コースが充実している。ケンブリッジ(Cambridge)、
ハーバード(Harvard)、ウィスコンシン(Wisconsin)など、
どの大学でもよい。大学名と"logical writing""crea-
tive writing"をキーワードにウェブ検索すると、その
コースの詳細が分かる。

　フランスは、フランス語教育に熱心である。日本で
は日本語文法にはほんの少しの時間を割いているだけ
だが、フランスでは義務教育の全期間を通じてフラン
ス語の文法を徹底的に教えている。

　欧米の研究者と一緒に仕事をしていると、彼ら／彼
女らの文書をまとめる能力に感心するばかりである。
われわれは、もっと文章力を上げなければならない。

2. 知的文章を書くときの日本語の問題

知的文章を書こうとするとき、日本語には次に示すような、いくつかの弱点があるのは事実である[4]。

- 主語を省くことが多い。
- 文法のしばりが緩い。
- あいまいな表現を好む。

これらの問題のために、日本語では論理的な文章が書けないと思っている人がいる。本当だろうか。

主語を省くことができる

日本語では、文章の主人公である主語を省くことが多い。確かに、英語、フランス語では、主語なしでは文が成立しない。主語を必要としないようなときでも、意味のない"it"を形式主語として借りてくるくらいである。

しかし、日本語と英語、フランス語ではまったく文章の構造が違うのだ。英語、フランス語では、主語は、原則として文頭に置くので、主語なしには文章が始まらない。しかし、日本語では、主語はどこに置いてもよい。主語であるかを決める助詞を、名詞の後につければ主語になるので、定位置がない分自由度が増す。

主語を決める助詞としては、「は」と「が」が一番多く使われる。

① AはBである。（例：さくらはきれいだ）
② AがBである。（例：さくらがきれいだ）

①の文章は、A≦B、すなわち、主語と「きれいだ」は同等あるいは後者に重点が置かれている（「は」は副助詞）。読者と共有している認識を示している。

②の文章は、A＞B、すなわち、主語に意味上の重点が置かれている（「が」は格助詞）。ほかの花も咲いているが、なかでもさくらがきれいだ。英語であれば、「さくら」に定冠詞がつくように思うかもしれないが、この場合「さくら」は集合名詞として使われているので、英語に訳しても定冠詞は用いない（第7章）。

「は」と「が」の使い分けには、英語の定冠詞（the）と不定冠詞（a/an）のように、一応の規則に加えて感覚的な要素がある。

日本語の主語は自由度が高いので、文脈から主語が分かるときは、省略するのが普通である。これは、イタリア語、スペイン語でも同じである。これらの言語では、主語に続く動詞の格変化（一人称、二人称、三人称、単数、複数）によって主語が理解できるので、特別に強調するとき以外には、主語を省略できる。このため、イタリア人はときどき、主語を省いて英語を話す

ことがある。一つの例として、イタリア人の友人の名前をかたって届いた振り込め詐欺のメールを次に示そう。

Am in a hurry writing you this mail. I want to seek your help on something very essential. You are the only one I can reach at this point.

"I am"とすべきところを、"I"を省略して"am"で始まっているので、イタリア語やスペイン語を母語とする人からのメールであると推察できた。

すべての文章に主語を使うと、おかしな日本語になってしまう。次の例は、1960年代の中学英語教科書の主人公、ジャックとベティが50歳で再会したときの会話である。彼女を見たとき、彼の言語中枢は、中学時代に戻ってしまった[6]。

　　「あなたはベティですか」
　　……
　　「はい。私はベティです」
　　……
　　「あなたはジャック・ジョーンズですか」
　　「はい。私はジャック・ジョーンズです」
　　……あの頃、おれは彼女が好きだったのだ。
　　……女性をくどこうとすると、こんな言いまわし

しか頭に浮かんでこない。

「私はあなたとセックスすることを欲しています」

……ベティが、「はい、私も欲しています」と答えるとは考えられない。

「いや、なんでもありません」とジャックは言って寂しく笑った。

次は、私の著書からの例である[7]。六つの文のうち、主語(アンダーライン)が書かれているのは二つのみ。残りの四つの文では、指示代名詞と人称代名詞が省略されているが([　]内)、文脈から主語がなくても理解できるだろう。

新型コロナウイルスは、人々の生活を変え、世界を変えた。[それは]経済を破壊し、文化を遠ざけ、楽しみを奪った。われわれは、この１年で少しは我慢強い人間になったかも知れない。[われわれは]家でじっとしている。[われわれは]友人とも会わない。[誰も]外国には行けない。[われわれは]自分が感染しないため、人に感染させないために、自由を制限され、生活の楽しみを奪われながらも我慢して生活しなければならなかった。

日本語の場合、すべての文章に主語を使うとジャッ

クとベティの会話のようにぎこちない。上の文章程度
に主語を略しても意味は十分にとれる。しかし、主語
を略すると意味が間違って受け取られるようなときは、
きちんと主語を書かねばならない（第2章、文例2-7）。

文法上のしばりが緩い

　主語がなくても文章として成立することにみるよう
に、日本語は文法上のしばりが緩い言語である。過去
の話のなかに、わざと現在形の文を入れるのは、小説
家がよく使う技法である。句読点にもこれといった決
まりはない（第2章、文例2-15）。日本語では、名詞の
単数形、複数形を区別しなくともよいし、冠詞もない。
　文法上の制約が緩いと文章を書くのは楽ではあるが、
その一方、厳密に考えることが少なくなる。英語、フ
ランス語、ドイツ語などでは、定冠詞か不定冠詞か、
単数か複数か、その名詞の置かれた状況を考えて単数
／複数、不定冠詞／定冠詞を選ぶ。しかし、その選択
基準は言語によってかなり違うし、ネイティブでない
と判断できない感覚によることが多い（第7章）。しか
し、この考える過程は、厳密な文章を書くときに役に
立っているはずである。

あいまいな表現

　日本文学者のドナルド・キーン（1922-2019）によると、
日本人はあいまいな表現を好む傾向があるという。彼

が「五日間病気でした」という手紙を出したとき、日本人の友人は、日本語としては正確すぎると言って、「五日ほど」と直してくれたという[8]。

　考えてみると、われわれ日本人は無意識のうちに、「ちょっと」とか「少し」という言葉を会話で使っている。実際には「ちょっと」どころではないときでも、大したことがないように振る舞う。それによって、表現を和らげ、人間関係を円滑にしようという思惑が働いているのであろう。次の章で述べるように、「思う」もそのような心理で使っている(第2章、文例2-8)。

　日本語、日本人のあいまいさについては、ノーベル文学賞を受賞した大江健三郎が、受賞講演のなかで述べている[9]。

　　　さきに私は、川端のあいまいさについていいながら、vague という言葉を用いました。いま私は、……同じあいまいなという日本語を ambiguous と訳したいと思いますが、それは私が自分について「あいまいな(アムビギュアス)日本の私」というほかにないと考えるからなのです。

　「あいまいさ」は日本語と日本文化の特徴と言ってもよいであろう。しかし、知的文章を書くときには、あいまいさをあえて排することが必要だ。

語順の原則は二つだけ

日本語の語順ではっきりと決まっている原則は、次の二つだけである[10]。

① 述語は文の最後に置く。
② 修飾語は被修飾語の前に置く。

第一の原則、述語を最後とする文型は、日本語だけではない。世界の130言語のうち57言語、44％が、この語順である[11]。第二の原則である、名詞の修飾語の位置については、日本語の語順の方が少ない(29/130言語、22％)[11]。

この二つの語順の原則は、分かりやすい日本語を書く場合の問題になり得る。第一の原則により、一番大事な述語が文末に来るため、長い文では、最後に到達するまで何を言いたいのか、肯定か否定かが分からない。話す際には、最後をはっきり言うことが大事になる。

第二の原則により、修飾語がすべて修飾される名詞の前に来るため、文章が複雑になる。加えて関係代名詞がないことが、日本語を書くときの大きな制約になっている。その解決法は次章で述べる。

漢字の利点と限界

日本語を母語としない人たちが、日本語を学ぶこと

を考えてみよう。英語、フランス語、ドイツ語などの欧米の言語と比べると、日本語は間違いなく難しい。原因の第一に、ほかの言語との共通性がほとんどない点がある。そのため、ほかの言語を学んだ経験を生かせないことになる。第二に、漢字、ひらがな、カタカナという3種の文字があることも大きな障害になる。

　漢字は、確かに素晴らしい文字である。表意文字であるがゆえに、意味を知らなかった専門用語でも、漢字を見ただけで意味が分かることがある。例を見てみよう。

- 不眠症　　insomnia
- 腹水　　　ascites
- 気孔　　　stomata（stoma の複数形）
- 合金　　　alloy

　漢字を見ただけで、それぞれ、眠れない状態、お腹にたまる水、空気の通る孔、いくつかの金属でできているもの、ということが分かる。しかし、英単語からは推察が難しい。ただ、日本語でも、表音文字（ひらがな、カタカナ）で書いた場合、耳で聞いた「ふみんしょう」「ふくすい」「きこう」「ごうきん」からは、その意味をすぐに理解できない点では、英語と同じであろう。漢字を知らない外国人にとって、このことは、日本語を学ぶ上での一つの障壁になっている。

　国際化し、たくさんの外国人が日本に住むようになった今、漢字をベースにした日本語を、耳で聞いて分かる、やさしい言葉に置き換えていく必要がある。事実、外国人労働者が増えている介護の現場ではそのような動きがある。

日本語で論理的な文書を書く

　日本語はあいまいで論理性に欠けると、これまで繰り返しいわれてきた。たとえば、谷崎潤一郎（1886-1965）、三島由紀夫（1925-1970）、ドナルド・キーン（1922-2019）が以下のように述べている。

　　谷崎潤一郎
　　……私は……独逸（ドイツ）の哲学書を日本語の訳で読んだことがありますが、……その分からなさが、哲理そのものの深奥さよりも、日本語の構造の不備に原因していることが明らかであり……[12]。

　　三島由紀夫
　　日本の評論家は、日本語の非論理的性質と、また対象の貧しさとによって、深い知的孤独を味わわなければなりませんでした[13]。

　　ドナルド・キーン
　　「鮮明でない言葉はフランス語ではない」とい

う言葉があるが、日本語の場合、「はっきりとした表現は日本語ではない」といえるのではないか[8]。

これに対して、ジャーナリストの本多勝一は反論している。

　「日本語は論理的でない」という俗説も……妄言であろう。この種の俗説を強化するのに役立っている西欧一辺倒知識人……[は]ヨーロッパの……言葉やものの考え方によって日本語をいじっている[14]。

　日本語に欠点があるからといって、日本語が非論理的な言語である、というのは言い過ぎである。日本語の欠点を意識し、それを補うように努力すれば、日本語で論理的な文章を書くことができるはずである。そのためには、あいまいな表現を避け、はっきりとした文章を書くよう心がけることである。そして、何よりも論理的に考え、論理的な流れに乗って、論旨を展開することである。

　分かりやすく論理的な日本語を書くことは、われわれの知的活動の基本となり、さらには外国語を話し、書く基本になる。加えて言えば、8世紀後半にまとめられた『万葉集』以来、日本語は素晴らしい伝統に支

えられた、美しい言葉であると、心底から思う。

Checklist 1-1 ▶ **正しく理解できる日本語を書いているか**

> ✓ 主語がはっきりと書いてあるか。主語を省いて
>   いるとしたら、誰でも主語を推測できるか。推
>   測できないなら主語を書く。
> ✓ 明解な述語を用いているか。文末に来る述語は
>   明解か。
> ✓ あいまいな表現はないか。あいまいな表現を避
>   け、正確に伝わるように書く。
> ✓ 論理的に考え論理的に表現しているか。

第 2 章

分かりやすい文章を書こう

1. 書くということ

われわれは、毎日、日本語でメールのやりとりをしている。いまさら日本語の書き方なんか教わる必要などないと思っているかもしれない。しかし、ライン(LINE)などは、会話を文字に起こしただけである。発信字数に制限のあるツイッター(Twitter)では、論理的に話を展開するのには限界がある。

書くにはエネルギーが必要
レポート、報告書、論文といった知的文章では、複雑な事柄を整理し、論理的に記述し、自分の考えを正確に相手に届けなければならない。清水幾太郎(1907-1988)が言うように、知的文章を書くためには、話すのとはレベルの違うエネルギーが必要なのだ[15]。

> [読むと書くとの間には]質的な相違があると言わねばならない。そこには、精神の姿勢の相違がある。……私たちは、多量の精神的エネルギーを放出しなければ、また、精神の戦闘的な姿勢がなければ、小さな文章でも書くことは出来ないのである。

集中力も必要

　考えをまとめて、文章を書くためには、村上春樹が言うように、集中力が必要である〔16〕。

　　才能の次に、小説家にとって何が重要な資質かと問われれば、迷うことなく、集中力をあげる。自分の持っている限られた量の才能を、必要な一点に集約して注ぎ込める能力。これがなければ、大事なことは何も達成できない。そしてこの力を有効に用いれば、才能の不足や偏在をある程度補うことができる。

　知的文書を書くための要点は、日本語も英語も同じである。日本語で簡潔、明解な文章が書けるようになれば、英語でも分かりやすい文章を書く基礎ができていると言ってよい。母語の日本語で知的文書を書けない人が、英語では素晴らしい報告を書けるなどあり得ないのだ。まずは、日本語で分かりやすい文章を書く訓練をしよう。

2. 知的三原則──簡潔・明解・論理的

　分かりやすい文章とは、読んだときに、そのまま頭に素直に入ってくるような文章である。一度読んだだけでは理解できず、２回も３回も読み返さなければな

らないような文章は、誰も相手にしてくれない。レポートにしても、申請書にしても、読む人たちは、みんな忙しく、分かるまで読み返してくれるような親切心はないと思った方がよい。途中で分からない文章に出会うと、それから先は、ますます分からなくなる。

　どうすれば分かりやすい知的文章を書くことができるだろうか。それは、次の三つの言葉にまとめることができる。

① 簡潔
② 明解
③ 論理的

　この3条件がそろっていれば、分かりやすい文章であることに間違いない。私は「簡潔・明解・論理的」を「知的三原則」と呼んでいる[4]。英語でも"brevity and clarity"として、簡潔、明解はよい文章の基本とされている。

　まず、簡潔、明解の2条件について考えてみよう。

短い文を書く

　『徒然草』を書いた鎌倉時代末期の歌人の兼好法師（1283頃-1350以後）は言葉の多いのを戒め、「賤しげなるもの……人にあひて詞の多き、願文に作善多く書きのせたる」と言っている。

英語では、冗長な表現を"redundant""wordy""tedious"などと言い、避けるべきとされている。シェイクスピア(1564-1616)の『ハムレット』中の台詞は"brevity and clarity"の例として引用されることが多い。

　　簡潔は知恵の要、長話は枝葉末節、尾ひれをつけるにすぎませぬゆえ、簡潔に申し上げましょう。ご子息のハムレット様は気ちがい。

(河合祥一郎訳)〔17〕

Therefore, since brevity is the soul of wit,
And tediousness the limb and outward flourishes,
I will be brief. Your noble son is mad.

「ハムレット様は気ちがい」くらいの短い文であれば、間違って受け止められることはないだろうが、言われた方は驚くであろう。

なぜ、文は短い方がよいのか。これには、少なくとも次の四つの理由がある。

① 短い文には、普通一つのテーマ、最大でも二つのテーマしか入らないので、分かりやすい。
② 文が短いと、表現がコンパクトになり、冗長な説明とならない。

③ 文が短いと、修飾句、修飾節も簡単になり、文の構造が分かりやすい。

④ 逆に長い文では、日本語の場合、文末にある述語が主語から遠くなるので、理解しにくくなる。

　具体的にはどのくらいの長さがよいのだろうか。一つの文に、日本語で30～60字程度、英語で20～40 words 程度は必要であろう。A4 判横書きで、日本語では1行が40字、英語で20 words とすると、2行分にあたる。逆に言うと、日本語でも英語でも、3行を超える長さの文は二つ以上に分けた方がよい。

　ちなみに私の日本語文（第1章最初の57文）の平均字数は35.3字（標準偏差16.9字）。A4 判の文書でおよそ1

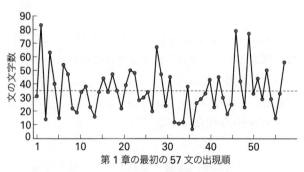

図 2-1　出現順にみる私の文の長さ

長い文の前後に短い文が谷となり、一定のリズムをつくっていることが分かる。平均字数 35.3 字（破線）、標準偏差 16.9 字。第1章の初めから57文（句読点を含む。ただし、引用・英字混入文を除く）を分析した。

行弱である（最短7字、最長83字）。

歯切れのよい文章を書く

　短い文がよいといっても、小学生の遠足の作文のような「みんなでお弁当を食べました」といった文が繰り返されたのでは、あまりにも稚拙である。短い文の間に長い文が現れ、心地よいリズムを刻むような歯切れのよい文章を書くようにしたい（図2-1）。リズムをつくるときの主役は、短い文である。短い文が書けるようになれば、リズムも生まれる。

　自分の書いた文章がリズミカルかどうかを確認するには、声に出して読んでみることだ。谷崎潤一郎が言うように、声に出してすらすらと読め、自然と頭に入ってくるようなら、よい文章であると言ってよい〔12〕。

　　……実際に声を出して暗誦し、それがすらすらと云えるかどうかを試してみることが必要でありまして、もしすらすらと云えないようなら、読者の頭に這入りにくい悪文であると極めてしまっても、間違いはありません。

　ジャズからクラシックまで音楽を愛する村上春樹は、文章が抵抗なく読めるのには、音楽的に流れていることが大事だと言う〔18〕。

「原稿を書くと、まず、自分で読み直しますよね。そのときに文章が音楽的に流れていないと、いやなんですよ。リズムに乗っていなければ、その箇所は書き直します。音楽的でないと、すっと読めませんから。何度も修正を重ねて、やがて文章が抵抗なく流れると完成です。その後に書籍化された自分の作品は読みません。なんだか恥ずかしくて」

明解な文章を書く

簡潔で明解な文章を書くためには何が大事であろうか。森鷗外(1862-1922)が言うように、「一に明晰、二に明晰、三に明晰」なことである[13]。明晰であるために一番大事なのは、書く本人が内容をよく理解していることである。書く人がきちんと理解していないのに、文章だけが分かりやすいなどということはあり得ない。寺田寅彦(1878-1935)の言葉を借りれば、「骨の髄まで」理解していることである[19]。

何度繰り返して読んでみても、何を言うつもりなのかほとんどわからないような論文中の一節があれば、それは実はやはり書いた人にもよくわかっていない。……これと反対に、読んでおのずから胸の透くような箇所があれば、それはきっと著者のほんとうに骨髄に徹するように会得したこと

をなんの苦もなく書き流したところなのである。

「完全な理解」などと言われたら、いつまでたっても何も書けないと思うかもしれない。しかし、大丈夫である。書いているうちに、頭の中が整理され、理解できなかったところ、分からなかった理由が見えてくる。

とにかく、書いてみることだ。書きながら考える。考えたら調べる、調べたら前に書いたところを書き直せばよい。デジタル時代だからこそできる作文技術である。原稿用紙に向かっていたら、こうはいかない。

やさしく書く

難しいことを難しく書くのはやさしい。しかし、難しいことをやさしく書くのは難しい。知的文章の内容は、本来、難しい方だろう。専門的なことについて専門用語をふんだんに使い、専門家にしか分からないように書く方が楽である（文例 2-5）。

しかし、それでは、ちょっと専門から離れた人には分かってもらえないであろう。本当に専門のことを理解しているのであれば、誰にでも分かるようにやさしく書けるはずである。井上ひさし(1934-2010)が言うように、「むずかしいことをやさしく」書くことが大事である[20]。

むずかしいことをやさしく、やさしいことをふ
かく、ふかいことをおもしろく、おもしろいこと
をまじめに、まじめなことをゆかいに、そしてゆ
かいなことはあくまでゆかいに。

3. パラグラフが決める論理の流れ

文脈

　簡潔、明解と並んで知的文章にとって重要なのが、
論理的な文章構成である。観察結果を書くときも、そ
の考察を書くときも、文章が論理的に構成されていれ
ば、自然と理解してもらえるはずである。論理的でな
い文章構成は、読む人を混乱させるだけである。

　文章の流れを文脈という。山が連なって山脈をつく
るように、文章がつながって一つの流れをつくる。文
章を読む人は、著者が何を言いたいのかを文脈から理
解する。文脈は、文章の単なるつながりではなく、論
理という接着剤でつながって初めて意味をもつ。

　文脈を、英語では"context"という。"con（＝with）"
という接頭語に"text"がついた単語も意味するとこ
ろは文脈と同じである。

　一つの文あるいは文章は、文脈のなかの一部分に過
ぎない。文脈から一つの文や文章だけを取り上げて、
文脈との関係をなくすと誤解を招くことになる。

段落とパラグラフ

ここで、パラグラフについて述べておこう。

1903年、文部省の国定教科書が、改行して文頭の字を1字下げる「段落」を取り入れたのが、日本におけるパラグラフの最初といわれている[4]。それまで、パラグラフという考えは、日本にはほとんどなかった。

『広辞苑第七版』によると、パラグラフは「文章上の節。段落」とされている。さらに「段落」は「長い文章中の大きな切れ目。段」と記載されている。

一方、オックスフォード英語辞典 (Oxford English Dictionary, OED) によると、パラグラフ "paragraph" は次のように定義されている。

a distinct section of writing, usually dealing with a single theme and indicated by a new line, indentation, or numbering.

　文章における明瞭なセクション。たいていは一つのテーマを扱い、改行や字下げ、番号によって区切られる。

英語のパラグラフは、一つのテーマをもった一つのセクションである。単に文章の切れ目を意味する日本語の段落と比べると大きな違いである。日本では「段落」という概念を導入したにもかかわらず、改行して

1字下げることが、新しいテーマの始まりとなること
については認識されないままであった。このため、近
年の小説家に至るまで、いわば気分転換のように段落
が使われてきた（文例 2-9）。

パラグラフは論理単位

　パラグラフは論理の流れを決めるうえで重要な役割
を果たしている。パラグラフは論理単位であり、その
なかには一つの論理テーマが入る。一つのパラグラフ
にいくつもの論理を押し込むと、文書全体の論理の流
れが分かりにくくなる。さらに、パラグラフの順序が
論理の流れをつくる。自分が書いた文書を読み直した
ときに、しっくりこないときは、流れを見直してパラ
グラフごと入れ替えてみるとよい。

　パラグラフの最初に、パラグラフの要旨を示すよう
な文章（トピック・センテンスという）があると、理解し
やすい。たとえば「以上の定説に対して、それを覆す
ような発見があった」という文でパラグラフが始まれ
ば、前のパラグラフから論理がうまく接続され、分か
りやすくなる。

　「しかし」「それに対して」のような接続詞でも、何
を次に言おうとしているかを示すことができる。しか
し、接続詞は使いすぎると文章が安っぽくなるので気
をつける（文例 2-12・13）。

パラグラフは 5〜10 行が目安

　論理単位であるからには、一つのパラグラフを構成するのは、1 行でも 100 行でも論理が一貫している限り問題がないはずである。しかし、実際のところ、パラグラフの長さは読みやすさを決めている。樋口一葉の『たけくらべ』では、2000 字にも及ぶ長い文章が一つのパラグラフ（段落）を構成している。文庫本でも数ページに及ぶ。これでは、一見しただけで敬遠したくなる。逆に、極端に短い段落は読みやすいかもしれないが、論理の流れは弱くなってしまう（文例 2-9）。

　10〜15 行くらいのパラグラフが読みやすいように思う。環境問題を最初に指摘したレイチェル・カーソン（Rachel Carson, 1907 - 1964）の『沈黙の春』（"Silent Spring"）は英文で 10〜15 行程度の長さのパラグラフで構成されている。村上春樹のエッセイも、ほぼその範囲である。

　コンピュータ画面で読むときには、パラグラフは短い方がよい。数行以内に収め、さらに、パラグラフの間が 1 行空いていると読みやすい。これはメールの文章にもいえる。

　パラグラフは論理の単位であると同時に、読む単位でもある。読者は、文書を読むとき、少し読んであまり重要でないと思うと、次のパラグラフに移ってしまう。

4. 分かりにくい文章、文書

　世の中には、分かりにくい文章、文書があふれている。さすがに新聞記事、雑誌記事など、一般の人を対象とするプロの文章は、分かりやすい。しかし、上から目線で書いているような文章、批判されることのない人たちの文章、たとえば、官僚の文章のなかには、何度読んでも分からないものがある。法律の文章は、法律の専門家以外には、理解できない。

　ここでは、そのような文章の例を取り上げ、どうしたら分かりやすくなるかを考えてみよう。以下、文章の頭の●は問題ある文章、○は分かりやすく直した文章の例を示す。

文例 2-1　行政文書

　一般に官僚の文章は、分かりにくい。上から目線で書かれているうえに、のちに責任を取らされないように注意深く、持って回った表現をするので、普通の頭ではとても理解できない。次の「一定の病気に係る免許の可否等の運用基準」[21] は、極めつきの難解な文章である。

● 医師が「自動車等の安全な運転に必要な認知、
　予測、判断又は操作のいずれかに係る能力（以

下「安全な運転に必要な能力」という。)を欠くこととなるおそれのある症状を呈していない」旨の診断を行った場合(当該診断を行った理由が、自動車等の安全な運転に必要な能力を欠く状態となるおそれはあるが、そのような状態になった際は、自動車等の運転ができない状態であると判断されることによるものである場合を除く。)、免許の拒否、保留、取消し又は効力の停止(以下「拒否等」という。)は行わない。

　すごく難解な文章であるが、言っていることはごく簡単。なぜ、次のように書けないのだろうか。

　○　安全運転に必要な能力があると診断したときは、
　　　免許の拒否はしない。安全能力を欠くときは、
　　　免許を拒否する。

　実際には 14 ページにわたるこのような文章を読んで診断しなければならない医師が気の毒である。よく読んでみると、当たり前のことを言っているだけなのに、どうしてここまで、分かりにくいのだろうか。長すぎる(233 字)ことに加えて、文例 2-2 で分析するように、理解困難な文章がカッコ内にあるためである。

文例 2-2　カッコ書きは短く

　文中に、カッコ書きを加えることがある。文例 2-1
の 2〜3 行目の(以下「安全な運転に必要な能力」という。)
程度の説明は問題がない。しかし、5〜9 行目に及ぶ
カッコ書きは、長すぎ、しかも難解なため、読者の思
考を中断し、全体の理解の妨げになる(97 字、全体の約
4 割)。カッコ内の文章は、例外条件を言っているので、
別な文章として示すべきである。

文例 2-3　二重否定

　二重否定は分かりにくいが、文章の表現技術として
は一定の役割をもっているため、実際にはよく使われ
る。

● いかに重要度、緊急度の高い政策であっても、
　これを適切に実行する「政策執行力」が伴わな
　い限り、意図した政策効果を享受することはで
　きない[22]。

　二重否定に加えて、誰が享受するかを示す主語が不
在である。次のようにすると、簡潔で意味が理解しや
すい。

○ 重要度、緊急度の高い政策の恩恵を国民が受け
　るためには、政策執行力が必要である。

　〇のような書き方をすると、政府の執行力が不足しているときに困るので、●のように書いたのであろう。

　英語と日本語では、二重否定のニュアンスが違うことがある。日本語の場合は、二重否定は肯定を断定しない表現方法として使われることが多いのに対し、英語では逆に肯定を強調するようなときに使われる。たとえば、

　　反対<u>しない</u>わけ<u>ではない</u>。
　　→　反対するかもしれない。
　　<u>Nothing</u> is <u>impossible</u> if you believe.
　　→　信じればできないことはない。

文例 2-4　多重否定

文例 2-1 の通達文には、三重否定も使われている。

● 医師が「「発作のおそれの観点から、運転を<u>控えるべきとはいえない</u>」（以下 3 (2) イにおいて「免許取得可能」という。）とまでは<u>いえない</u>」旨の診断を行った場合には拒否又は取消しとする[21]。

「控える」は、意味上の否定であるので三重否定といえる。

○ 発作のおそれの観点から、医師が免許取得不可能と診断したときは、免許の拒否または取り消しとする。

　例文をもとに、多重否定の理解法について考えてみよう。

- 問題があると思う。：肯定。
- 問題が<u>ない</u>と思う。：否定。
- 問題が<u>ない</u>と思わ<u>ない</u>。：二重否定＝問題がある。
- 問題があると思わ<u>ない</u>わけでも<u>ない</u>。：二重否定＝問題がある。
- 問題が<u>ない</u>と思わ<u>ない</u>わけでも<u>ない</u>。：三重否定＝問題がない。
- 問題が<u>ない</u>わけでは<u>ない</u>と思わ<u>ない</u>わけでも<u>ない</u>。：四重否定＝問題がある。

　多重否定文は、理解が困難のように見えるが、初歩数学の問題として考えると簡単に理解できる。肯定を$(+)$、否定を$(-)$、否定数をnとすると、$(-)^n$と示すことができる。

- 二重否定は$(-)$の2乗$(=(+))$なので肯定。
- 三重否定は$(-)$の3乗$(=(-))$なので否定。

以下同様に、奇数回の否定は否定、偶数回の否定は肯定となる。これさえ分かれば、n がどんなに増えても怖くはない。といっても、二重否定以上は使うべきではない。

文例 2-5　専門家にしか分からない文

次の文は、「能動態」についてのウィキペディアによる説明である(2021 年 5 月 31 日時点)。能動態については理解しているつもりであったが、この説明を読んだら、かえって分からなくなった。分からない理由は、言語学の専門用語を私が知らないためである。専門的な内容を専門外の人に説明するときは、専門用語を使わずとも説明できるようにしなければならない。

● 対応する受動態が存在する場合、能動と受動の対立のうちの無標の態を指す。初期変形文法の枠組みでは、核文に受動変換を適用したものが受動態の文であり、適用せずに表層形に写像したものが能動態の文となる。

この文を分かりやすく直すのは不可能である。しかし、ウィキペディアの受動態の説明は専門用語を最小限におさえ、常識的である。

○ 受動態とは、典型的には、能動態とは違って行
　為者が主語にならずに、行為を受ける対象が主
　語となる態である。能動態とは異なる特別な形
　式を持っている（有標である）。被動態（ひどうた
　い）または受身（うけみ）とも呼ばれる。

文例 2-6　だらだらと長い文章

　次の文は、新型コロナ感染症対策本部の報告からの
抜粋である[23]。

● しかしながら、国内においては、すでに感染経
　路の不明な患者の増加している地域が散発的に
　発生しており、引き続き、持ちこたえているも
　のの、一部の地域で感染拡大が見られ、今後、
　地域において、感染源が分からない患者数が継
　続的に増加し、こうした地域が全国に拡大すれ
　ば、どこかの地域を発端として、爆発的な感染
　拡大を伴う大規模な流行につながりかねない状
　況にある。

　これが分かりにくいのは、句読点を入れて 173 字に
及ぶ一つの文のなかに、主語が四つも入り（アンダーラ
イン）、だらだらとつながっているためである。この
文書の起草者は、長い文章が得意らしく、最初の 1 ペ
ージ半に書かれた 8 文の平均字数は 159 字に達する。

　上の文章を整理すると、次のように3文、107字（約35字/文）となり、理解しやすくなる。

　○　しかし、国内においては、感染経路の不明な患者の増加地域が散発的に発生している。そのなかの一部の地域で感染拡大が見られる。今後、このような地域が全国に拡大すれば、爆発的な感染拡大による大規模な流行につながりかねない。

　次の例は、超伝導研究支援事業の研究計画調書の記載要項である。記載を求める5事項について、だらだらと連続して書かれているうえに、150字の長文のため分かりにくい。項目を整理して、箇条書きにするとよい。

　●　弊社の超伝導に関する基礎研究支援事業の研究申請書では、学術の潮流や新たな展開などどのような「学術背景」の下でどのような「問題提起」を設定したか、当該課題の「学術的独自性や創造性」はどこにあるのか、当該課題の「着想に至った経緯」や国内外の「動向や位置付け」はどのようなものか、などの記述を求めています。

○ 弊社の超伝導基礎研究支援事業への応募にあたり、研究申請書には次のような事項を記載してください。

- 国内外における「学術背景」「研究動向」
- 申請研究の「学術的独自性や創造性」「問題提起」「着想に至った経緯」

改訂版では、主語と述語が直結し、依頼の趣旨が明確になった。記載を求める事項を、学術背景と研究動向という大きなテーマと、申請研究の特徴の2点について箇条書きにしたため、すっきりした。文字数も、1/3減の102字となった。

文例 2-7　主語の省略

日本語では主語の自由度が高く、省略することもできるが、そのために意味が通らないような文章にはめったにお目にかからない。とはいうものの、油断していると、大新聞でさえも、次の二つの例のように紛らわしい表現になる。

● 同紙（ワシントン・ポスト紙）は、2018年ネット通販最大手アマゾンの創業者ジェフ・ベゾス氏が買収した[24]。

一つの文に、主語が二つある。最初、「ワシント

ン・ポストがアマゾンを買収した」と読んだ。しかし、その逆はあり得ても、アマゾンがワシントン・ポストに買収されることはないであろう。下のアンダーラインのように、能動態を受動態に、あるいは主語を目的語に直して理解した。

　　○　同紙は……ベゾス氏によって買収された。

　　○　同紙を……ベゾス氏が買収した。

次は、主語があるべき文に主語がなかった例である。

　●　「7月に開幕しないと信じる理由は何もない。
　　だからプランBもない」。国際オリンピック委
　　員会(IOC)のバッハ会長の言葉に考え込む。共
　　同通信の取材に応じた。この感染拡大下でほん
　　とうにプランAしか手元にないのか[25]。

　真ん中の「共同通信の取材に応じた」の主語がバッハ会長であることは想像がつく。しかし、短い文だけに、主語の不在が未完成の文という印象を与える。知的文章としては、次のようにしたい。

　　○　共同通信の取材に応じた国際オリンピック委
　　　員会(IOC)のバッハ会長は「7月に開幕しないと

信じる理由は何もない。だからプランBもない」と語った。IOCには、この感染拡大下でほんとうにプランAしか手元にないのだろうかと考え込む。

　日本語では、主語不在は許されるが、文脈、文章によっては、それが違和感を与える可能性についても考えるべきである。

文例2-8　思う、思われる

　日本人は、相手のことを常に考え、円滑に物事を進めようとする。文末を「であると思う」「と考える」「のようである」などとして、表現を和らげる傾向がある。

　若い頃、京都大学に留学していたノーベル物理学賞受賞者レゲット（Anthony Leggett）も、「であろう」「といってよいのではないかと思われる」「と見てもよい」のような日本語は、英語に訳しようがなく、「である」に変えるべきだと、指摘している[26]（これら「　」内の日本語は、英文論文中に日本語で示されている）。

　私は、アメリカ留学中に、"I think"は、単なる「思う」ではなく、文字通り「私」を強調し、積極的に意思を示す言葉であることに気がついた。しかし、日本語の「思う」は便利な言葉なので、われわれは、特別意識することもなく使っている。たとえば次のよ

うに。

○ 直接お会いするのではなく、Zoom でも十分お話ができると思います。必要でしたら、A さんにも参加してもらいましょうか。彼女はよいアイデアを出してくれると思います。

　この例では、最初の「思います」が、少し確信を込めた言い方で、"I think"に該当する。最後の「思います」は、「でしょう」程度の軽い意味で使っている。いずれにしても、この程度の「思う」は、それほど気にしなくともよいと思う。

　しかし、大事な局面で「思われる」を使うのは問題である。たとえば、東京都のコロナ対策指針では、感染状況と医療提供体制について、４段階の総括コメントのすべての判断に「思われる」というあいまいな表現が入っている[27]。

【感染状況】
　赤　感染が拡大していると思われる／感染の再拡大の危険性が高いと思われる
　橙　感染が拡大しつつあると思われる／感染の再拡大に警戒が必要であると思われる
　黄　感染拡大の兆候があると思われる／感染の再拡大に注意が必要であると思われる

緑　感染者数の増加が一定程度にとどまっている
　　と<u>思われる</u>

【医療提供体制】
赤　体制が逼迫していると<u>思われる</u>／通常の医療
　　が大きく制限されていると<u>思われる</u>
橙　体制強化が必要であると<u>思われる</u>／通常の医
　　療との両立が困難であると<u>思われる</u>
黄　体制強化の準備が必要であると<u>思われる</u>／通
　　常の医療との両立が困難になりつつあると<u>思わ</u>
　　<u>れる</u>
緑　通常の体制で対応可能であると<u>思われる</u>

　この4段階は、コロナ対策にとって大事な指標である。そのときどきの雰囲気で、どうとでもとれるような「思われる」というあいまいな表現はやめるべきである。あるいは、あえてあいまいな表現にして、都合のよい判断ができるようにしたのかもしれない。
　もう一つの例として、海堂尊の『ブラックペアン1988』から、教授が新人医師の「思われる」を注意する場面を引用しよう〔28〕。

　　［教授］「再建臓器は何を使う？」
　　世良はちらりと高階講師を見て、答える。
　　「マーゲン・ロール（胃管）の吊り上げによる再

42

建術になると思われます」

「なぜさっきから世良君は、"思われます"などという不確定な語尾で話すのだね」

佐伯教授が尋ねる。世良は答えを一瞬ためらう。

文例 2-9　段落とパラグラフ

　小説家のなかには、たとえば、野坂昭如(1930-2015)のように、一つのパラグラフが数ページに及ぶような人もいれば、司馬遼太郎(1923-1996)のように短い段落を好む人もいる。司馬遼太郎の『坂の上の雲』では、段落とパラグラフは一致していない[29]。

　　試験が始まった。
　　作文の考査である。好古はさきに願書を出したとき作文があるということは寺内正毅大尉からきかされなかった。
　　ところがあの早耳の丹波人本郷房太郎が薩摩の受験生からきいてきて、……。

「試験が始まった」という短い一文で改行し、その後も、テーマを無視して文ごとに行を変えている。意図は別なところにあるかもしれないが、パラグラフとして考えれば、次のようになるだろう。

　　試験が始まった。作文の考査である。

好古はさきに願書を出したとき作文があるということは寺内正毅大尉からきかされなかった。ところがあの早耳の丹波人本郷房太郎が薩摩の受験生からきいてきて、……。

文例 2-10　「が」に頼らない

　二つの文をつなげるとき、「が」は便利な言葉（接続助詞）であるが、これを多用すると文章が平坦になってしまう。と書きながら、上の文で「が」を使ってしまったが、われわれは実際、特別に意識せずに「が」を使って文章を書いている（また使ってしまった）。

　次の文には、「が」が３カ所で使われている。それぞれの意味の違いを考えてみよう。

　　　多くの人がイメージする科学者は、お茶の水博士のような禿げた人かもしれないが、実際には白髪もいればふさふさもいる。お茶の水博士を描いた手塚治虫は医学部出身であるが、教授の誰かを思い浮かべて描いたのかもしれない。私も白髪の科学者を知っているが、それは『バック・トゥ・ザ・フューチャー』のドクである。

　上の例文の三つの「が」は、それぞれ、次の意味をもっている。最初の「が」は「しかし」「けれども」のように、「が」の前の文と後の文の逆接的関係を示

す。2番目の「が」は「それゆえに」「だから」のように、前の文と後の文の因果関係を示す。3番目の「が」は「そして」程度の意味で、並列的に二つの文をつなげるときに用いる。

たった一つの文字に、逆接、因果、並列の三つの意味が込められているのである。あえて数学的にいえば、それぞれは、マイナス、プラス、ゼロの関係である。

清水幾太郎は、「が」を小さい魔物と呼んだ[15]。「が」を多用すると、「文章が、起伏に乏しい、平板なものになる」と忠告している。

文例 2-11　表現のずれ

パラグラフのなかでは、文章表現に「ずれ」がなく、方向性が一定でないと、理解しにくいことになる。たとえば次のような場合である。

● 女性の首相は珍しくなくなった。北欧のなかで首相が女性でないのはスウェーデンだけであるし、日本の首相もアメリカの大統領も女性でない。

上の文章では、最初の文と2番目の文は同じことを言いたいのかもしれないが、「、」より後の文のせいで表現がちぐはぐな感じである。読者は最初の文章が頭に入っているので、それを受けて、同じ方向の表現に

する方が分かりやすい。たとえば、2番目の文章は、言葉を補って次のように変えると分かりやすい。

○　女性の首相は珍しくなくなった。女性の進出の著しい北欧では、ノルウェー、フィンランド、デンマークの首相が女性である。それに対して、日本では、女性の首相は一度も出ていない。アメリカでも、47代に至るまで、女性の大統領は一人もいない。

文例 2-12　接続詞

接続詞は、その名の通り、文と文、節と節、句と句、語と語を接続する品詞である。接続詞により、文章を論理的につなげることができるし、読者をある方向に誘導することもできる。

「しかし」は最も多く使われる接続詞であろう。「次に」「第一に」「2番目に」なども、順を追って分かりやすく書くのに便利だ。

耽美主義の作家として知られる谷崎潤一郎は、接続詞が嫌いだった。谷崎の『文章読本』には、次のような記述がある〔12〕。

　　［当世の人たちは］文法的の構造や論理の整頓と云うことに囚われ、叙述を理詰めに運ぼうとする結果、句と句との間、センテンスとセンテンスと

の間が意味の上で繋がっていないと承知が出来ない。……ですから、「しかし」とか、「けれども」とか、「だが」とか、「そうして」……とか云うような無駄な穴埋めの言葉が多くなり、それだけ重厚味が減殺されるのであります。

谷崎の文章論は、現在に至るまで影響力があり、接続詞はなるべく使うべきではないと考えている人がいる。しかし、彼がいみじくも言うように、接続詞は「論理の整頓」「理詰めの叙述」には、重要な役割を果たしているので、知的文章においては有効に使うべきである。

とはいえ、接続詞、接続語を多用すると文章が切断され、読みにくくなるのも谷崎の言うとおりである。読み返して、不要な接続詞は除くようにする。

文例 2-13　「そして」で文をつなぐ

「そして」で二つの文をつなぐと、小学生の作文のように安っぽくなることも事実である。たとえば「遠足に行きました。そしてお弁当を食べました」などという具合だ。

● HeLa 細胞から A 酵素を抽出し、電気泳動にかけた。そして、対照のヒト線維芽細胞も同じ方法で分析した。

事実を時系列に述べるのではなく、ここで何を述べるかを整理し、表現を洗練させたい。

○ HeLa細胞と、対照として用いたヒト線維芽細胞からA酵素を抽出し、それぞれを電気泳動で分析した。

しかし、英語では必ずしもそうではないようだ。名文家といわれるヘミングウェイの『老人と海』には、"and"でつながれた文章がたくさん出てくる。冒頭のパラグラフだけでも5文中の3文は、2つの文を"and"でつないでいる。最初の文を見てみよう。

He was an old man who fished alone in a skiff in the Gulf Stream and he had gone eighty-four days now without taking a fish.

福田恆存は次のように訳している[30]。

　　かれは年をとっていた。メキシコ湾流に小舟を浮べ、ひとりで魚をとって日をおくっていたが、一匹も釣れない日が八十四日もつづいた。

福田は最初の"He was an old man"を独立した文と

48

して訳し、その後は一つの文にまとめている。2番目の文では主語を省略しているが、略されている主語は"an old man"であることが自ずから分かる。このように略した方が日本語として素直に読める。

文例 2-14　修飾語

日本語の文を書くときには、二つの理由から、修飾語の配置に気を配らなければならない。

① 修飾語は修飾される名詞の前に置く。
② 日本語には関係代名詞がない。

このため、名詞の前には、たくさんの修飾語、節、句が連なり、文は長く、構造は複雑に、意味がとりにくくなる。どうしたら、形容詞節・句を整理し、分かりやすい文を書くことができるだろうか。

本多勝一は『日本語の作文技術』のなかで、修飾語の配置順の原則として次の4つをあげている[14]。

① 節を先に、句をあとに。
② 長い修飾語ほど先に、短いほどあとに。
③ 大状況・重要内容ほど先に。
④ 親和度(なじみ)の強弱による配置転換。
⑤ 長い修飾語が二つ以上あるとき、その境界にテンをうつ。

本多の原則に加えて、⑥として、修飾語が長いときには、文を二つに分ける方法を提案する。具体的にいくつかの例を見てみよう。

● SARS ウイルスに似た、石正麗が雲南省の洞窟のコウモリから発見したコロナウイルスは、ヒトに対する感染性を獲得し、わずか1年の間に世界中で広がった。

理解できないではないが、最初の修飾語が何にかかるのかが分かりにくい。長い修飾語を前に出し、読点で区切ると分かりやすくなる。

○ 石正麗が雲南省の洞窟のコウモリから発見した、SARS ウイルスに似たコロナウイルスは、ヒトに対する感染性を獲得し、わずか1年の間に世界中で広がった。

二つの文に分けるとさらに分かりやすくなる。

○ 石正麗は、雲南省の洞窟のコウモリから SARS ウイルスに似たコロナウイルスを発見した。そのウイルスは、ヒトに対する感染性を獲得し、わずか1年の間に世界中で広がった。

　新型コロナウイルス感染症対策の「日本モデル」を
説明した文章を見てみよう[31]。

●　「日本モデル」を「法的な強制力を伴う行動制
　　限措置を採らず、クラスター対策による個別症
　　例追跡と罰則を伴わない自粛要請と休業要請を
　　中心とした行動変容策の組み合わせにより、感
　　染拡大の抑止と経済ダメージ限定の両立を目指
　　した日本政府のアプローチ」と定義する。

　この文では、日本政府のアプローチに三つの節がか
かっているため分かりにくい。しかし、次のように、
アンダーラインで示した読点と、「と」を加えると少
しは分かりやすくなる。

○　「日本モデル」を「法的な強制力を伴う行動制
　　限措置を採らず、クラスター対策による個別症
　　例追跡と、罰則を伴わない自粛要請と休業要請
　　とを中心とした行動変容策の組み合わせにより、
　　感染拡大の抑止と経済ダメージ限定の両立を目
　　指した日本政府のアプローチ」と定義する。

　さらに、言葉を整理して、再編成すると分かりやく
すくなる。

○ 日本政府は、クラスター対策により感染者の追
　跡を行い、さらに、罰則を伴わない自粛要請と
　休業要請を中心とした行動変容策によって、感
　染拡大の抑止と経済ダメージを最小限に抑えよ
　うとした。このアプローチを「日本モデル」と
　定義する。

　次の文章は「亀田の柿の種　お好み焼味」の包装に
書いてあった説明文である。

● 野菜や果物がたっぷり入った、コクのある甘さ
　が特徴のオタフクお好みソースを使用したお好
　み焼き味の亀田の柿の種です。

　「野菜や果物がたっぷり入った」と「コクのある甘
さが特徴の」の二つの修飾語が「オタフクお好みソー
ス」を修飾し、さらに修飾された「オタフクお好みソー
スを使用した」と「お好み焼き味の」「亀田の」が
「柿の種」を修飾するという複雑な構文になっている。
このため、しばらく「柿の種」を食べ続けながら考え
ないと意味が分からなかった(それが狙いかも)。分か
りやすくするのには、次のように、修飾されている被
修飾語が、修飾語になるという構文を直さなければな
らない。

○ お好み焼き味の「亀田の柿の種」には、野菜や
　果物のコクと甘さが特徴のオタフクお好みソー
　スが使われています。

○ 「亀田の柿の種」は、お好み焼き味に仕上げて
　います。使っているのは、野菜や果物のコクと
　甘さが特徴のオタフクお好みソースです。

文例 2-15　句読点

　英語では、句読点の使い方が厳密に決められている。
しかし、日本語では、かなりあいまいなまま、書く人
に任されている。しかし、句点(。)、読点(、)の打ち方
は、文章の読みやすさを支配する。やたらに読点の多
い宇野浩二(1891-1961)の文章、あるいは、句点がない
まま、何十行も続く野坂昭如の小説などは、正直、読
みにくい。以下、2人の文章の一部を示そう[14]。

　　その晩、三人で、牛肉の鍋をかこんだ。さうし
　て、道也は、ほとんど一人で、引きあげの仕事を
　『うそ』と、『まこと』をおりまぜて、おもしろお
　かしく、はなした。
　　　　　　　　　　　宇野浩二『うつりかわり』から

　　省線三宮駅構内浜側の、化粧タイル剥げ落ちコ

ンクリートむき出しの柱に、背中まるめてもたれ
かかり、床に尻をつき、両脚まっすぐ投げ出して、
さんざ陽に灼かれ、一月近く体を洗わぬのに、
……（以下、10行以上のパラグラフで最後まで句点が
ない）。

野坂昭如『火垂るの墓』から

　日本語には句読点の原則がないと書いたが、私の理
解している範囲では、一応の目安はある。

① 助詞「は」のつく主語の後に読点を打つ。
　　例：ワクチンは、感染症の予防にとって非常に
　　　　重要である。
　　例：ワクチンについては、世界の製薬メーカー
　　　　が一斉に研究を開始した。
② しかし、格助詞「が」のついた主語には原則と
　　して読点を打たない。
　　例：新型コロナ感染症を予防するために、ワク
　　　　チンが開発された。
③ 節、あるいは重文のなかでは、主語＋格助詞の
　　後に読点を打たない。
　　例：ワクチンは非常に有効なのに、接種を嫌う
　　　　人がいる。
④ 接続詞の後には、読点を打つ。
　　例：しかし、ワクチンはなかなか手に入らない。

⑤ 挿入句の前後には読点を入れる。

例：ワクチンを接種すると、<u>いくらかの副反応があるが、</u>接種を受けるべきである。

⑥ 長い修飾語と短い修飾語があるときは、長い修飾語を先に置き、読点で区切る。

例：<u>ファイザー社がドイツの企業と共同で開発した、</u>メッセンジャー RNA を使ったワクチンは、95％ の有効率であった。

文例 2-16　カタカナの使いすぎ

　外来語が日常語に入り込んでいる現在、カタカナ英語を使うことが多くなった。しかし、文章に直した場合、カタカナが多いと違和感がある。日本語で書けるところは日本語に直した方がよい。

● カスタマーからのクレームの一つのパターンとして、プロダクトのパッケージがある。

○ 消費者からの苦情の一つの典型例として、製品の包装がある。

　ちなみに、「クレーム」というカタカナ英語は、ここでの意味では英語として通じない。クレーム "claim" はもともと「主張する」という意味である（第 6 章）。また、パターン "pattern" のアクセントは

「パ」にある（第7章）。

　研究者にありがちな、英語をカタカナにしただけの、専門用語のオンパレードのような文章は、専門外の人には通じない。訳語が決まっていないために起こることでもあるが、それ以前に、専門用語をなるべく避けて、説明することを心がけるようにしたい。

● ブレストキャンサーのバイオプシーサンプルを
　PCR で解析したところ、アーブ B2 遺伝子のポ
　イントミューテーションによる SNP とデレー
　ションが見つかった。

○ 乳がんの生検標本を PCR 法で解析したところ、
　アーブ B2 遺伝子の点突然変異による1塩基変
　異と遺伝子欠損が見つかった。

文例 2-17　略語の多用は NG

　AIDS、DNA のように、誰でも知っているような略語はあるが、その多くは業界用語である。

　次の例は、心臓手術についての記載であるが、普通の人には何のことか分からないであろう。

● Pt は、AS のみで、MS、TS、PS を併発してい
　ないため、TAVI を行うことにした。

○　患者は、大動脈弁狭窄症のみで、僧帽弁、三尖弁、肺動脈弁の狭窄症を併発していないため、経カテーテル大動脈弁植え込み術を行うことにした。

文例 2-18　言い訳

言い訳は、知的文章の信頼性を下げることになるので、しないことだ。

● もともと文才がないのだが、せっかくの機会なので、できるだけ頑張って書いてみたい。

● このところ花粉症で集中して考えることができなかった。そのうちに時間が経ってしまい、あわてて、くしゃみをしながら書いている。

● そもそもジェンダー問題など考えたことがなかった。正直に言うと、本当は理解していない。

文例 2-19　英語原文が悪かった日本国憲法前文

すでに周知の事実であるが、日本国憲法は占領軍総司令部（GHQ）が策定し、それを日本語に訳した文章である。日本語のもとになった英語があることは、憲法の文章を文章論の立場から分析するときの原本があることになる。たとえば、憲法第23条の、日本文と英

57

文とは次のように書かれている。どちらも簡潔明解だ。

- 学問の自由は、これを保障する。
- Academic freedom is guaranteed.

　憲法前文(preamble)は、打って変わって、すごく難解である。代表的な「悪文」として、白井健策、丸谷才一、中村明らによって取り上げられているが、彼らは英文の原文と照合して検討しているわけではない[32-34]。そこで、憲法前文の最初のパラグラフを日本語とその原本である英語で比較してみよう。

　　日本国民は、正当に選挙された国会における代表者を通じて行動し、われらとわれらの子孫のために、諸国民との協和による成果と、わが国全土にわたって自由のもたらす恵沢を確保し、政府の行為によって再び戦争の惨禍が起こることのないようにすることを決意し、ここに主権が国民に存することを宣言し、この憲法を確定する。

We, the Japanese people, acting through our duly elected representatives in the National Diet, determined that we shall secure for ourselves and our posterity the fruits of peaceful cooperation with all nations and the blessings of liberty throughout this land, and <u>resolved</u> that never again shall we be visited with the horrors of war through the action of government, <u>do proclaim</u> that sovereign power resides with the people and <u>do firmly establish</u> this Constitution.

　主語の "We, the Japanese people" に続いて分詞構文 " acting through ..." があり、その後に "determined that ... resolved that ..." という過去形が2回続き、最後に " do proclaim that ... do firmly establish ..." という強調現在形が来る（日本語翻訳は、過去形の二つの動詞を現在形で訳している）。そもそも、一つの文章に過去形と現在形が混在するのは、「時制の一致」原則に反している。

　分かったのは、英語の原文そのものが悪文であることだ。それを忠実に翻訳せざるを得なかったであろうことを考えると、日本語が悪文であっても仕方がない。

　丸谷才一は「どう見ても褒めるわけにはゆかない」文章だが明治憲法に比べるとはるかにましだと言う〔33〕。

Checklist 2-1 ▶ 分かりやすい文章か

✔ 一度読んだだけで、素直に頭に入る文章か。
✔ 主語があるか。主語を省略しているときは、主

語が自明か。

✔ 「と思われる」「と見てもよい」などのあいまいな表現はないか。

✔ 文が長すぎないか。3行以上、100字を超えるような文は二つに分け、短くする。

✔ 声に出して読んだときに、すらすらと読めるような歯切れのよい文か。

✔ 内容をよく理解しているか。分かりにくいときは、理解していない理由を考える。

✔ 複雑な構文になっていないか。形容詞節・句、副詞節・句などにより分かりにくくなっていないか。分かりにくいときには複数の文に分ける。

Checklist 2-2 ▶ 論理的な流れになっているか

✔ パラグラフは一つの論理を含む論理単位として書かれているか。

✔ パラグラフは、論理的な流れをつくるように配置されているか。論理的でないと感じたら、パラグラフを入れ替えてみる。

✔ トピック・センテンスにより、パラグラフの内容が示されているか。

✔ パラグラフは10行前後に収まっているか。

第 **3** 章

さあ、書き始めよう

調査報告書や論文のようなまとまった文書を書くのは大変だ。調べたことを整理し、筋道を立てて、分かりやすく、正確で、説得力のある書き方をしなければならない。文書の分量も、少なくとも A4 判で数ページ、多ければ 100 ページを超える。これだけのページ数を書き通すには、かなりの準備と構想力、そして集中力が必要である。

　本章では、このような文書を書くときの準備、論文の構成、守らなければならないことなど、とくに「コピペ」はなぜ悪いかを説明する。

1. なぜ書くのか、何を書くのか

　書き始める前には、何を言いたいのか、誰に向けて書くのか、問題意識が明確か、などの基本を確認しよう。基本姿勢が決まっていないと、焦点が定まらず、論旨が乱れることになる。

どのような文書を書くのか

　最初に、どのような文書を、何のために書くのかをはっきり意識していなければならない。それによって書き方が決まる。

- 感想文であれば、表面的な感想ではなく、深く考えた内容を書く。

- レポートであれば、レポートのテーマにまともに答える内容でなければならない。背景を説明し、問題点を整理する。
- 卒業論文であれば、テーマの歴史的背景と現状分析から全体像を明らかにし、将来の展望へと導く。レポートよりも一段上の内容でなければならない。
- 申請書であれば、申請の内容が募集目的と合致し、実現可能であることを、熱意を込めて書く。
- 報告書であれば、調査方法を説明し、調査結果を客観的にまとめ、問題点を指摘し、問題解決への道筋を述べる。
- 論文であれば、研究・分析が正しく行われたこと、得られた新しい知見に学術的価値のあることを明確に示す。厳しい審査を通るためには、高い完成度が必要である（p. 86）。

伝えたいメッセージは何か、読むのは誰か

はっきりとした問題意識の下に、伝えたいことを明確に表現する。持って回った表現をしたり、大事な点をぼかしたりしては、メッセージは伝わらず、説得力がなくなる。このことをどうしても伝えたい、という情熱が伝われば、読む人の心をとらえることができるだろう。

読む人を意識することが大事だ。

- レポートや卒業論文であれば、読むのは主に担当教員に限られる。内容を評価する決定権をもっているのだ。たとえ読むのが一人であろうとも、手抜きはできない。
- 学術論文であれば、専門家による厳しいピア・レビュー(peer review)を通らなければならない。
- 申請書では、審査員を納得させなければならない。そのためには募集要項をていねいに読み込み、募集の目的に沿い、申請内容に価値があり、実現可能であることを書く。
- 報告書を読む人は、報告内容に関心のある人たちである。それだけに、報告内容が正確に伝わるように、十分吟味して書かねばならない。
- 一般の人も読む文書では、専門用語の使用を避ける。どうしても必要な専門用語は解説してから用いる。

2. 一貫した筋書きで書く

レポートにしても論文にしても、大事なのは、一貫した論理性と魅力的な筋書き(ストーリー)である。英語でも"coherency""story""narrative""flow"などの言葉で、一貫性、筋書きの重要性がいわれている。

前述のレゲットは、論文で一番大事なのは"a"か

"the"か、といった「ミクロ」の問題ではなく、文書全体の論理構成という「マクロ」な視点であることを強調した(p. 186)[26]。

ストーリーに固執しない

魅力的なストーリーを証明する論文を書ければ素晴らしい。その一方、ストーリーに固執すると、とんでもない落とし穴が待っている。自らのストーリーに合わせるために、データを改ざんしたり、ねつ造したりした研究不正の事例が少なからず存在する[35]。

ストーリーは大事であるが、ストーリーに合わないデータが出たときには、ストーリーを変えなければならない。

データをそろえ、必要な資料を集める

得られたすべてのデータを点検し、報告書に必要なデータをそろえ、どの順序で書けば、説得力のある報告になるかを考える。同時にデータを統計的に検討し、表にするか、図にするか、などの詳細を決定する。足りないデータに気がついたら、追加で調べる、あるいは実験をする。

次に大事なのは、テーマに関して必要な資料を集めることである。集めた資料を読み込み、テーマの背景、問題点などを正確に理解する。資料と情報収集の方法については、次章で詳しく述べる。ここまで進めば、

あとは文章を書くだけだ。

十分に議論する

仲間との議論は大事である。学校の宿題としてレポートをまとめるような場合でも、友だちと議論するとよい。議論しているうちに問題点が整理されてくるであろう。

グループでまとめる場合は、レポートを書きながら議論を繰り返し、内容を練り上げると、よりよいレポートにすることができる。文章を書く人、図や表を作成する人など、グループ内で役割分担を最初から決めておくとよい。

共同研究の論文の場合、議論と文章を練り上げる過程はさらに重要になる。共同研究者どうし、意見は尊重し合わなければならない。論文の発表に当たっては、共同研究者全員の承諾を得る。

制限枚数・締め切りを守る

卒業論文や、報告書、申請書には、ページ数、締め切り日などの条件が示されているはずである。制限枚数は守らなければならない。条件を守っていない申請書は審査に回らないことがある。

締め切り日は守らなければならない。申請書、卒業論文などは、締め切り時間を少しでも過ぎたら受け付けてもらえない。少し遅れただけだから許してほしい、

というような「甘え」は通用しない。

　遅れないためには、余裕をもって書き始めることである。まとめている途中で、突発的な出来事があったり、新しいアイデアが生まれて書き直したり、調べ直したりすることがよくある。締め切りの1週間前に完成するように書き始めるのがよい。それでも、時間が足りなくなることが少なくない。

いつ書き始めるか

　締め切りのない研究論文は、すべてのデータがそろい、頭の中が整理され、完全に問題を理解してから書くべきと考えるかもしれない。しかし、それでは遅すぎる。研究や調査の計画が半ばを過ぎ、先が見えてきたら、論文を書くことを考え始めるとよい。書き始めると、集中して考えるようになる。不足しているデータ、追加すべき実験などが思い浮かんでくることであろう。研究が進行中であれば、追加で実験することも調査することもできる。

　若いうちにこのような習慣をつけると、論文の質と量がともに向上するはずだ。

書き出しの文章

　書き出しの文章は難しい。いろいろ考えているうちにどんどん時間が経ってしまう。「筆が進まない」と悩むときは、書き出しの文章で苦労していることが多

いのではなかろうか。

　論文であれば、書き出しに凝る必要はない。「この研究は○○を目的として行った」というふうな定型的な文章で始まってもよい。あるいは、問題の背景から始めるのもよい。たとえば「2010 年代に入り、○○が問題になってきた」でもよい。あとから書き直せばよいので、ともかく書いてみることだ。

起承転結

　エッセイを書くときには少し格好をつけたくなる。中国の四行詩に由来する標準的な話法である起承転結を使いたくなる。

　起：一見、関係のない話題から書き起こし（introduction）
　承：それを受けて話を進め（development）
　転：話題を転じて（unexpected turning）
　結：全体をまとめる（conclusion, ending）

　『朝日新聞』の「天声人語」は、この話法を得意とし、確かに感心することもある。本書では、第 5 章の導入部分が「起承転」で書き始めている（p. 128）。
　エッセイの書き出しに困ったときには、少し離れた話から書き出すとよい。たとえば。

- 思い出してみると、
- 考えてみると、
- あれは子どもの頃のことだった。
- ロンドンを訪れたときであった。
- 珍しく入院したことがある。
- いつも気になっていたことがある。

　知的文章を書く人には、起承転結はすすめられない。第一に、関係ないような話題から入る必要がない。もっとストレートに、起と転を除いて、結論から入り、結論で終わる「結承結」のように書くと、分かりやすい文書になる。

3. 論文の構造と注意点

文系と理系の論文の構造

　文系の論文は、たとえば歴史学、経済学、政治学など分野によってそれぞれのスタイルがあるが、一般的に、理系よりも自由度が高い。多くは、サブテーマごとに、序論、結果、考察をまとめて記述する。結果と考察をまとめて本論とすることもある。

　理系の論文や報告書は、一般的に、図3-1のような項目から構成されている。それぞれの項目について詳しく見ていこう。

図 3-1　理系の論文の典型的な構造

タイトル（title）

どんなタイトルにするかは、非常に重要だ。的確に内容を反映していれば、読んでほしい人の関心を引くことになるだろう。そのため、あまり広くて漠然としてはいけないし、細かすぎるのも問題だ。

その点、山中伸弥の iPS 細胞（induced pluripotent stem cells）の論文タイトル「明確な因子による胎児および成熟マウス線維芽細胞からの多分化能幹細胞の誘導」

(Induction of pluripotent stem cells from mouse embryonic and adult fibroblast cultures by defined factors)は一つのお手本である[36]。内容を正確に反映している。

デジタル時代においては、タイトルに検索対象となるような言葉を含むことが大切である。内容を比喩的に表現したり、間接的に表現したりしたタイトルでは検索の対象にならないので、存在が知られないまま埋もれてしまう可能性がある。

では、世界を変えるような大論文には、どのようなタイトルがついていたのだろうか。

キャベンディッシュの「地球の密度を測定する実験」(Experiments to determine the density of the earth)の「地球の密度を測定する」という表現は魅力的である。地球の質量が水の 5.5 倍であることを発見し、これから万有引力定数を導いたことを発表した論文である。

メンデルの「植物雑種の研究」(Versuche über Pflanzen-Hybriden)は、遺伝の法則という大発見を発表した論文である。にもかかわらず、タイトルに遺伝という言葉が入っていない。「植物雑種」では漠然としていて、注目を引かない。メンデルの法則が発表後35 年間も眠っていたのは、このタイトルのせいかもしれない。

ワトソンとクリックの「DNA の構造」(A structure for deoxyribose nucleic acid)は素っ気ない[37]。しかし、DNA の重要性が認識されていたからこそ、また、そ

の構造の解明が期待されていた時代だったからこそ、インパクトの大きいタイトルであった。

著者（author）

宿題などとして出されるレポートは、一人で書くことが多い。一方、何人もが共同で研究した論文では、名前を書く順序にルールがある。中心となって研究を進めた人が第１著者となり、全体の責任をもつ主任研究者（principal investigator, PI）が、リストの最後に名を連ねられる。研究に責任をもつ著者を"corresponding author"というが、その名の通り、論文を投稿する際に編集部とのやり取りをし、不正などの問題が起こったときは責任をもって解決する。後述する国際的な出版規範委員会（Committee of Publication Ethics, COPE）は、次のような４条件を満たす人だけが著者となり得るとしている。

1. 出版物の構想およびデザイン、または出版物のためのデータの取得、分析、解釈に対して相当な貢献を行い、そして、
2. 重要な知的コンテンツに関する草稿の作成または批判的な修正を行い、そして、
3. 出版物の最終的な承認を行い、そして、
4. 出版物のすべての部分における正確性、または公正性に関連する問題を適切に調査し、解決す

ることを保証し、責任をもつことに対して同意
をする者。

　各項目の最後に「そして(AND)」が加えられている
のは、このすべての条件を満たす者のみが著者となり
得ることを示している。

要約(summary, abstract)

　論文のなかで最も重要なのは、要約(サマリー)であ
る。多くの人は、タイトルを見て面白そうだと思えば
要約を読む。それから先を読んでもらえるかどうかは、
要約の書き方にかかっている。

　要約の長さは、あらかじめ指定されていることが多
い。日本語であれば500〜1000字、英文では単語数に
して250〜500程度が一般的である。これだけのスペ
ースに研究のエッセンスを過不足なく書き込み、読者
の興味を引くためには、何回でも書き直すことをいと
わないことだ。すべての項目を書き終わってから、最
後に書くことをすすめる。

結論(conclusion)

　投稿する雑誌によっては項目として「結論」が指定
されていることがあり、そのときにはこれに従う。指
定されていないなければ、要約の最後に1〜2行書き
加える。考察の最初、あるいは最後に書くこともある。

序論・序文（introduction）

　問題の背景から始め、なぜこの研究を行ったか、何を明らかにしようとしたのかを、論理的に順を追って書く。広い視点から入り、問題を絞って研究の意義を述べるという構造を、図3-1では逆台形で示した。論文の導入なので、長く書く必要はない。生命科学系の論文では、A4判で2〜3ページが普通である。

　後述する考察とは扱う事柄が近いことが多いので、書き分けをあらかじめ考えておくとよい。書くべき内容を書き出し、それぞれを序論と考察のどちらで述べると論理的にまとめやすいかを検討しておいてから、序論を書き始めることをすすめる。

材料と方法（materials and methods）

　再現性（reproducibility）は、自然科学系の論文の大事な要件の一つである。再現できてこそ、研究成果は普遍性をもつ。「材料と方法」の項は、再現実験が可能となるように書く。

　ところが『ネイチャー』や『サイエンス』のような一流科学誌は、この項目を軽視し、論文の最後に小さな文字で簡単に記すだけであった。たとえば1997年の『ネイチャー』に掲載された、世界初のクローン哺乳動物 Dolly（ヒツジ）誕生を発表する論文では、方法はわずか10行しか書かれていなかった。しかし、

2010年代に、論文の再現性が問題になって以来、この項目にスペースを割くようになった。

「材料と方法」は、料理本のレシピのように、どうしても似たような記述になってしまう。このために、盗用検出ソフト（p.83）によってほかの論文との記述の重複や「自己盗用」が検出されることがしばしばあるが、容認されている。

「材料と方法」は、通常、「結果」の前に置かれるが、ジャーナルによっては「考察」の後ろに置くこともある。

結果（results）

結果は報告書の本体である。実験、あるいは調査で得られた事実を整理して分かりやすく書く。事実と推測は、厳密に区別し、事実のみを結果の項目で書き、推測、示唆されるような内容は、後の考察で書くようにする。

実験などで得たデータは、表または図に表す。いずれも分かりやすいことが大事だ。ただ、詳しく書けばよいというものではない。詳しすぎると結果が明確に伝わらない。簡略化することによって伝わりやすくなることもあるが、省略が過ぎると信頼性を失う。

図・表は、パワーポイントやエクセルなどのコンピュータ・ソフトで簡単につくることができる。しかし、装飾過剰な図や複雑な立体図などは、内容を正確に伝

えるためには邪魔になる。必ず統計処理を行い、有意性を確認する。

　大事なのは、データを示す順序である。実際に実験を行った順序ではなく、読む人のことを考え、論理的で分かりやすい順序で書く。テーマが変わるときには小見出しをつける。

考察（discussion）

　序論とは対照的に、実験や調査、研究で得られた事実を踏まえて、それらの意義を考察し、普遍化し、将来への展望につなげるように書く。

　最初の段落には、実験や調査、研究で分かったことを短くまとめる。それ以降の段落では、文献的考察を含めながら、結果から推察できること、示唆されることなどを、論理的に書き進める。最後のパラグラフでは、将来の展望をまとめるようにする。図3-1ではこれを台形で表現した。

文献（references）

　現代の学問、われわれの知識は、すべて先人の業績の上に積み重ねられている。12世紀のフランスの哲学者、ベルナール（Bernard de Chartres）が言ったように、われわれは「巨人の肩」の上に立っている（"standing on the shoulders of giants"）のだ。「巨人の肩の上に立つ」——論文検索サイトのGoogle Scholarは、先人たち

に敬意を込めて、この言葉をトップページに載せている。

　研究にあたって参考にした論文リストをまとめる。レポートや卒業論文などでは、勉強の成果を示すためにたくさんの論文を引用したくなるだろうが、専門論文では数が限定されていることが多い。

　論文の記述スタイルは、掲載誌(ジャーナル)によって異なるが、基本形は、著者名、論文名、掲載誌名、掲載ページ、出版年を記述する。文献検索、整理、投稿誌に合わせた引用文献の記述のために、エンドノート(EndNote)というコンピュータ・ソフトが広く用いられている。

謝辞(acknowledgement)

　著者の定義に入らなかった協力者などの名前を最後に記す。研究費支援に対しては、名称と番号を明示して謝辞を述べる。

どこから書き始めるか

　これだけの項目を盛り込んだ文書を書き上げるのは、正直、大変である。最初にタイトルを決めなければならない。タイトルが決まると論文を書く覚悟ができる。

　著者と所属を書いたら、定型的な文章で材料と方法を書いて、頭の中を論文執筆モードにしよう。さらに、結果に何をどのような順序で書くかを検討しよう。結

1. BACKGROUND

1.1 General Introduction

● Importance of stem cells

Stem cells have the remarkable potential to develop into many different cell types
in the body during early life and growth. In addition, in many tissues they serve as
a sort of internal repair system, dividing essentially without limit to replenish other
cells as long as the person or animal is still alive. When a stem cell divides, each
new cell has the potential either to remain a stem cell or become another type of cell
with a more specialized function, such as a muscle cell, a red blood cell, or a brain
cell.

Stem cells are distinguished from other cell types by two important characteristics.
First, they are unspecialized cells capable of renewing themselves through cell
division, sometimes after long periods of inactivity. Second, under certain
physiologic or experimental conditions, they can be induced to become tissue- or
organ-specific cells with special functions. In some organs, such as the gut and bone
marrow, stem cells regularly divide to repair and replace worn out or damaged
tissues. In other organs, however, such as the pancreas and the heart, stem cells
only divide under special conditions.

図 3-2　小保方晴子の学位論文最初の 2 ページ
アンダーライン部分のみが NIH のネット解説記事と異
なる。それ以外は完全コピペ。

果が書ければ、論文の骨組みができたことになる。次
に難関の序論と考察に取りかかろう。そして、タイト
ルをもう一度見直し、要約を仕上げる。

Until recently, scientists primarily worked with two kinds of stem cells from animals and humans: embryonic stem cells and non-embryonic "somatic" or "adult" stem cells. The functions and characteristics of these cells will be explained in this section. Scientists discovered ways to derive embryonic stem cells from early mouse embryos nearly 30 years ago, in 1981. The detailed study of the biology of mouse stem cells led to the discovery, in 1998, of a method to derive stem cells from human embryos and grow the cells in the laboratory. These cells are called human embryonic stem cells. The embryos used in these studies were created for reproductive purposes through *in vitro* fertilization procedures. When they were no longer needed for that purpose, they were donated for research with the informed consent of the donor. In 2006, researchers made another breakthrough by identifying conditions that would allow some specialized adult cells to be "reprogrammed" genetically to assume a stem cell-like state. This new type of stem cell, called induced pluripotent stem cells (iPSCs), will be discussed in a later part of this section.

Stem cells are important for living organisms for many reasons. In the 3- to 5-day-old embryo, called a blastocyst, the inner cells give rise to the entire body of the organism, including all of the many specialized cell types and organs such as the heart, lung, skin, sperm, eggs and other tissues. In some adult tissues, such as bone marrow, muscle, and brain, discrete populations of adult stem cells generate replacements for cells that are lost through normal wear and tear, injury, or disease.

4. コピペ(=盗用)をしない

盗用・剽窃
STAP 細胞事件──分化した細胞を薄い酸性溶液で

短時間処理するだけで、未分化の多分化能をもつ
STAP細胞に変えたという論文のねつ造事件(2014年)
——の中心人物だった小保方晴子の学位論文は、アメ
リカの国立衛生研究所(NIH)のホームページからのまる写し、つまり「コピペ」こと"copy and paste"で埋
まっていた(図3-2)[35]。

　彼女は、自分で考えたことではなく、他人の文書を
まるごと写して学位論文をつくり、あたかも自分で書
いたかのようにごまかして発表した。この学位論文を
審査した人は、素晴らしくよく書けていると思ったで
あろう。しかし、彼女はアメリカ国立研究所のレポー
トを盗んだのである。このような行為は「盗用(plagia-rism)」や「剽窃」と呼ばれ、「ねつ造(fabrication)」
「改ざん(falsification)」と並んで、重大な研究不正の一
つとされている。

コピペはなぜ問題なのか

　コピペ(=盗用)はなぜ問題なのであろうか。それは、
人や社会の信頼を裏切る行為だからだ。われわれは、
人と社会の信頼の下に、学び、仕事をしている。そし
て、自らの名前と責任で、レポート、報告書、論文を
まとめ、発表する。その内容が、自らの仕事ではなく、
他人の成果を盗んだものだとしたら、そのような行為
をした人間を、誰も信頼しなくなるであろう。当然、
そのような行為は処罰の対象となり、盗用文書は撤回

図 3-3　プーチン大統領のサイン入り学位論文[38]
その第 2 章はアメリカの経営学教科書からの盗用であることが、
アメリカの Brookings 研究所の調査で明らかになった。プーチン
自身は自分の学位論文を恥じていて、学位の話にふれるのを避け
ているという。

されることになる。学位論文であれば、学位の返還を
要求されても仕方がない。

　実際、学位論文の盗用が分かって大学の職を辞した
教員がたくさんいる。ドイツでは、2 人の大臣が辞め
ている。ロシアのプーチン大統領の学位論文も盗用で

あるという(図3-3)〔38〕。

文章を引用する

論文を書いているとき、別の論文の文章あるいはその一部を使ってしまうことがある。あるいは、よい文章なので、つい真似してしまうこともあるだろう。そのようなとき、引用であることがはっきりと分かるようにしておかないと、盗用になってしまい、最悪の場合、論文を撤回せざるを得なくなる恐れがある。

文章の引用は、引用文によって自分の言いたいことが補強されるときにだけ、最小限に許される。本書でも、そのような見地から先人たちの言葉を引用しながら執筆している。

文章の引用には、いくつかの守らなくてはならないルールがある。

① 引用元を「……によれば(according to)」などの文(実例：p. 2 水村美苗からの引用)、あるいは、論文引用の形(実例：p. i フランシス・ベーコンからの引用)で示す。

② 引用文を、カギ括弧「　」、引用符" "などでくくり、はっきりと本文と区別して示す(実例：p. 2 水村美苗からの引用)。引用文が長いときは、字下げをし、その前後に1行分を空けるなどして、引用であることをはっきりと示す(実

例：p. 3 水村美苗からの引用）。

③ 引用する文章は、忠実に転記する。勝手に変え
　　たら引用にならない。ただし、理解を助けるた
　　めなどに、括弧に入れて言葉を補うことができ
　　る。あるいは引用の一部を省略するときは、そ
　　の部分を……や（略）などと示す。いずれの場合
　　でも、引用文の本来の意味を損なうようなこと
　　があってはならない（実例：p. 46 谷崎潤一郎から
　　の引用）。

　以上のルールを守れば、いくら引用してもよいとい
うわけではない。引用は、あくまでも自らの主張を補
うためのものであり、最小限にとどめなければならな
い。図 3-2 に示した小保方晴子の学位論文は、たとえ
アメリカ国立衛生研究所からの引用を明示したとして
も、彼女の文章、考えが存在せず、学位論文として成
り立たない。

盗用検出ソフト

　論文の盗用（いわゆるコピペ）を検出するソフトが開
発されている。なかでも最も広く使われている検出ソ
フト iThenticate は、膨大なネット情報を照会し、短
時間で重複部分を検出、マーカーで示し、その程度を
パーセントで示す。STAP 細胞事件以来、多くの大学
では、盗用検出ソフトにより、学位論文や投稿論文の

盗用を事前に検出している。学術論文誌の編集部も、論文の投稿があると盗用検出ソフトを用いてチェックしている。たとえば、ウィキペディアをコピペしてレポートや論文を書けば、たちまち検出されるであろう。

インターネット上の情報を検索すると、読後感想文、レポート、卒業論文のテーマ別見本に至るまで、文書を売っているサイトがある。そのようなものを使うのは、盗用そのものである。厳に戒めるほかない。

自己盗用

自己盗用（self-plagiarism）とは、自分の書いた過去の文章を再利用することである。その意味で、「文章のリサイクル（recycling of text）」ということもある。盗用検出ソフトは、自己盗用もほかからの盗用も区別せずに検出してしまう。

一つの研究室から発表される報告書、論文などは、同じようなテーマのことが多い。当然、同じような背景の下に、同じような材料と方法を用いているので、以前に書いた文章の借用も仕方がない。

自己盗用は、必ずしも盗用とはみなされていない。アメリカの研究倫理担当局（Office of Research Integrity）も、自己盗用は研究不正ではない、と明言している。しかし、それも程度の問題である。パラグラフまるごと、あるいはそれ以上の「再利用」は、たとえ自分の文章であっても盗用として扱われるであろう。後述す

る出版規範委員会の規定にも、程度によっては自己盗
用を問題視することが示されている。

5. 仕上げは念入りに

仕上げのチェック項目

文書を書き上げたら、何回でも読み直そう。プリン
トアウトすると、コンピュータ画面上では気がつかな
かったことが、見えてくる。

その際、チェックする項目は下のとおりである。

- ✓ 分かりにくい文章はないか。
- ✓ 長すぎる文はないか。
- ✓ 不要な言葉、文はないか。
- ✓ 誤字、脱字はないか。
- ✓ コピペした文章はないか。
- ✓ 大事なことが抜けていないか。
- ✓ 図・表は分かりやすいか。
- ✓ パラグラフは論理的に配置されているか。
- ✓ 正しく引用されているか。
- ✓ 引用資料は正しく書かれているか。

人に読んでもらう

文書ができあがったら、友人、同僚、先生にも読ん
でもらうようにしよう。専門でない人に読んでもらっ

て、率直な意見をもらうことも大切である。みんなの意見を素直に取り入れて、よりよいものにしていく。これを繰り返すことによって、知的文章の執筆能力は、格段に上がっていく。

そのための時間も最初から計算に入れて、余裕をもって書くようにしたい。

6. 学術論文を書く

学術論文を書くのは、卒業論文や社内の報告書などよりも、はるかに高いレベルの完成度が要求される。学術論文は、第一に学問の進歩に貢献するものでなければならない。新しい研究成果、学問的あるいは社会的価値が問われる。第二に、厳しい審査を通らねばならない。第三に英語で書かねばならない。そして、研究者は論文の質で評価されることになる。

学術の世界で生き残るためには、このストレスの多い論文執筆という作業を休むわけにはいかない。英語では "publish or perish"（論文を書くか、自滅するか）と言うくらいだ。

以下、学術論文を投稿する際の専門誌の選び方と、審査への対応、そして、出版倫理について簡単に記そう。

審査への対応

審査は数人（多くの場合3人）のピア・レビューアー（peer reviewer）によって行われる。"peer" を辞書で引くと、最初に「同輩、友達」という訳が出てくるが、ここでは、「実績のある同じ分野の専門家」という意味である。彼／彼女は論文のテーマについて、研究現状をよく知っているがゆえに、審査は厳しく、問題点を鋭くついてくる。審査の視点は概ね、次の6点である。

① 発表する価値があるか。
② データは正しい研究材料と方法で行われたか。
③ 統計処理が行われているか。
④ 結論は、データから論理的に導かれているか。
⑤ 図・表やテキストは分かりやすく書かれているか。
⑥ 英文に間違いはないか。

何の問題もなく採択されることなどめったにない。それどころか採択されないことも珍しくない。条件つき採択の場合は、質問に対して、一つひとつにていねいに答えねばならない。大変な作業だが、論文は、このような厳しい審査過程を経てよくなっていくものだ。

どのジャーナルに投稿するか

実は、2010年代は、学術専門誌の激動期であった。それまで、論文を読む人はお金を払って（実際には図書館が購入して）読むことができた。それが、論文を発表する人が投稿料を払い、読む人は無料という流れに変わってきた。これをオープン・アクセス（open access）という。さらに、それが発展したプレプリント・レポジトリー（pre-print repository）も出てきた。審査なしにウェブ上に掲載する論文の原稿だ。2020年以降、コロナ禍のなかで、公益のために成果の発表を急ぎ、査読なしのプレプリント・レポジトリーが盛んに利用されるようになった。

その一方、オープン・アクセスの鬼子のような、ハゲタカ・ジャーナル（predatory journal, 捕食ジャーナル）と呼ばれる雑誌が次々に発行されるようになった。ハゲタカ・ジャーナルは、投稿料を稼ぐのが目的であり、どんな論文でも審査なし、あるいはいい加減な審査で採択する。

ハゲタカ・ジャーナルに投稿しても、正当に評価されることはない。これに引っかからないためには、ジャーナルを"Think. Check. Submit."サイト（日本語版あり）で検索するか、信頼のおけるデータベース、たとえば"Web of Science（WoS）""Directory of Open Access Journals（DOAJ）"に掲載されているジャーナルに投稿することだ。

出版倫理（publication ethics）

　学術論文出版の倫理規定については、出版規範委員会（p. 72）が定めている。p. 72 に示した著者の条件以外に倫理規定には次のような禁止項目が記載されている。

- 研究不正行為：ねつ造、改ざん、盗用。
- 二重投稿：同じ論文を同時に別のジャーナルに投稿する。
- 二重出版：以前に出した論文をほとんどそのまま出版する。
- ゴーストオーサー（ghost author）：著者に代わって論文を書くが、著者リストに加わらない、幽霊のような存在である著者。とくに目立つのは、製薬会社の依頼で薬の効果について書き、その方面の有力な医師の名前で発表する論文である。
- ギフトオーサー（gift author）：研究に特別に貢献していないのに、いわば「贈り物」として著者リストに加わった著者。贈り物をした方は、高名なギフトオーサーによって審査を通りやすくする、贈られた方は、自分の業績が増えるなど、双方にメリットがあるため、ギフトオーサーはなかなかなくならない。
- 共著者の不承諾：承諾なしに、共同研究者を共著者とすること、あるいは逆に共著者にしない

こと。共著者のデータを勝手に用いたり、さらにはそれをねつ造、改ざんしたりすることによる研究不正が多い。

- 利益相反（conflict of interest）、利害関係の不開示：企業などから便宜を得ていたのに、その事実を開示しないこと。
- 生命倫理に対する違反行為：ヒトおよび動物を対象に行う研究には厳重な倫理規定が定められている。倫理審査委員会の承認を受けておらず、患者に説明のうえ了解（informed consent）を得ていない研究は生命倫理違反として、厳しく問われる。論文は撤回される。

これらの注意事項は、学術論文に限るわけではない。レポート、調査報告書などの知的文書執筆に際しても守らねばならない。

Checklist 3-1 ▶ 文書を書き始める前に

- ✓ 文書の種類（レポート、卒業論文、申請書、報告書、論文など）とその目的を理解しているか。
- ✓ 伝えたいメッセージを明確に意識しているか。
- ✓ 読む人を意識しているか。
- ✓ データは図・表に整理したか。

✓ 必要な資料は集まったか。

✓ 締め切りに間に合うか。

✓ 共同発表者・研究者、あるいは指導教員と十分に討論を重ねたか。

Checklist 3-2 ▶ 書き上がったら

✓ 目的に合った論文構成になっているか。

✓ タイトルは、目的、結果が分かるような簡潔なものになっているか。検索されるキーワードを含んでいるか。

✓ 著者には出版倫理の求める著者資格があるか。ギフトオーサーは入っていないか。

✓ 要約は、目的、結果、意義など、文書の中身を反映しているか。長さは制限を守っているか。検索されるキーワードを含んでいるか。

✓ 序論は、研究／調査の背景、目的などが分かるよう、十分に説明しているか。

✓ 実験材料と方法には、研究／調査を再現できるだけの研究／調査の材料、分析方法が十分に書かれているか。

✓ 結果は、研究／調査の意義が理解できるように、分かりやすく書かれているか。図・表は分かりやすく、説得力があるか。

✓ データは統計的に検討されているか。有意性は0.05以下か。

✓ 考察では、得られたデータを分析し、文献を基に議論を展開しているか。将来の展望についても言及しているか。

✓ 序論、結果、考察は論理的な流れに沿って書かれているか。

✓ 文献は過不足なく引用されているか。文献の引用表記は、ジャーナルのスタイルを守っているか。

✓ 謝辞を述べるべき人、研究費支援組織を記載しているか。

Checklist 3-3 ▶ 引用の明示

✓ ほかの文書から文章をコピペしていないか。

✓ 引用した文章は、ルールにしたがって、引用文であることを明示しているか。

✓ 引用文に手を加えていないか。原文の意味を曲げずに引用しているか（補った言葉は適切か）。

✓ 引用は最小限にとどめているか。

第 4 章

情報を探す、賢く使う

20世紀までは、何かを調べようとすると、まず図書館に行った。しかし、デジタル化が進んだ今、図書館に最初に行く人はいない。コンピュータに向かい、検索エンジンにキーワードを入れて検索する。すると、100万を超す情報が瞬時に表示される。

情報を得るのは格段に楽になったが、膨大な情報のなかから「正しい」情報を探し出すのは容易ではない。今、大事なのは、あふれる情報のなかから信用できるものを探し出すことである。

1. 情報を探す

図書館に行く

単行本やオープン・アクセス化されていない論文を読もうとすると、図書館に行かざるを得ない。図書館には図書館にしかない雰囲気がある。

日本の究極の図書館は国立国会図書館である。本を出版したら国会図書館に献本することが義務づけられているため、国内で発行された書籍のほとんどが所蔵されている。古い新聞を調べることもできる。本などの貸し出しはなく、コピーでの対応だが、非常に効率的に運営され、かつ親切であるのに感心する。

書籍の購入

昔からの本屋、新しいモダンな本屋には、それぞれ

独特の魅力がある。本屋では、興味の赴くままに本を手に取る。書架の前を歩いていると、本の方から手に取ってくれ、読んでくれと話しかけてくる。知的好奇心をくすぐられ、つい、予定にない本を買ってしまうのだが、それも、本屋のもつ雰囲気のせいである。

　外国の本を探すとき、私はアマゾン（Amazon）で検索する。日本に入ってきていない本も見つかる。新品同様の古本もあれば、ボロボロの本が送られてきたこともあった。イギリスから送られてきた古本のなかには、図書館のラベルが貼られ、読者カードが残っているものもあった。図書館が放出した本か、不心得者が売った本か分からないが、コンピュータに向かうだけで、日本国内では手に入らない本も入手できるようになったのは、素晴らしいことである。

データベース

　誰もが、インターネットで情報を集める時代になった。そして、それに応えるデータベースも充実してきている。情報を集めるときは、最初にデータベースにあたるのがよい。代表的なデータベースを紹介しよう。

- Google Scholar：Google が運用する学術論文のデータベース。引用数、PDF の存在など多くの情報が得られる。
- PubMed：アメリカ国立医学図書館の医学生物

学系データベース。代表的な医学系データベース。

- Bibgraph：医師のためのポータルサイト。PubMed、J-STAGE、CiNii を英語、日本語で検索できる。
- CiNii：国立情報学研究所の日本論文検索サイト。学術論文、博士論文、図書館の所蔵本などを広く検索できる。
- 理科年表プレミアム：国立天文台が編纂する 1925 年創刊のデータブック『理科年表』のウェブ版有料データベース。天文だけでなく、自然科学分野を広くカバーしている。ウィキペディアと違って、その分野のトップの科学者が署名と執筆期日入りで簡潔に解説しているので信頼性は高いが、文献の引用はないのが欠点。
- Chemical Abstracts：アメリカ化学会による化学に関する代表的データベース。
- DBnomics：世界最大の経済問題データベース。

行政が発信するデータ

国立国会図書館の「国立国会図書館サーチ」というページから、本や新聞記事だけでなく、全国の公共・大学・専門図書館や学術研究機関等が提供する資料、デジタルコンテンツを検索できる。「国立国会図書館デジタルコレクション」では、官報、日本占領関係資

料、内務省検閲発禁図書など、ほかにはない資料がた
くさん検索できる。「国会会議録検索システム」から
は、本会議・委員会の会議録が閲覧できる。

　行政機関のホームページを訪れれば、それぞれの業
務についての基本統計を得られる。政府統計の総合窓
口「e-Stat」は、各府省が公表する統計データを一つ
にまとめ、さまざまな機能を備えた政府統計のポータ
ルサイトである。総務省統計局の「世界の統計」には、
世界各国の人口、社会、経済などの基本統計情報が、
「日本統計年鑑」には日本について同様の基本統計情
報が掲載されている。教育については文科省、疾病情
報については厚労省のホームページに掲載されている。

　国際的な情報は、国際機関がまとめている。教育に
ついては OECD（Organisation for Economic Co-operation
and Development, 経済開発協力機構）が、疾病情報につい
ては WHO（World Health Organization, 世界保健機関）が、
がんについては IARC（International Agency for Research
on Cancer, WHO 国際がん研究機関、私の以前の勤務先）が
公開している。企業などの私的な機関も、統計情報を
公開している。

　すべての情報がデジタル化されているわけではない
ことにも気をつけなければならない。政府も企業も、
自分に都合の悪い情報は、デジタル化せずに隠してい
るであろう。少し古い資料はデジタル化されないまま、
眠っているであろう。根気よく、そのような情報を探

し出すことも、情報のデジタル化時代にあっては価値のある仕事になる。

2. ウィキペディアを賢く使う

インターネットで検索すると、ウィキペディアが最初の方に示されることが多い。何しろ、"wiki"は、ハワイ語の「速い(wikiwiki)」に由来する言葉なのだ。その最大の特徴は、多くの人が無署名で参加して、その内容に改訂を加えていくことである。このため、内容は一定せず、責任の所在もはっきりしないのが最大の問題である。

書き換え可能なウィキペディア

"Reliability of Wikipedia"というウィキペディアのページには、ウィキペディアにおける過去の誤った記載が列記されている。生存者の経歴、政治的問題(とくにアラブ対イスラエル問題)に多く、個人的な復讐のために書き換えられた例もあるという。日本でも、経歴の間違いを正しても、すぐに誤った大学名に書き換えられてしまうという人の嘆きを聞いたことがある。

ウィキペディアの変更履歴は追跡することができる。ウィキペディアの左側カラムの「ツール(Tools)」の「この版への固定リンク(Permanent link)」をクリックすると最新の変更のページとなる(図4-1)。さらに、

項目名の下の囲みのなかにある「差分(diff)」をクリックすると、変更前と変更後を比較した上で、変更箇所がハイライトで示される。

ウィキペディアはウィキペディアを信用していない

ウィキペディアはウィキペディアをどのように評価しているのであろうか。"Citing Wikipedia"という項目をウィキペディアで見てみよう。何とウィキペディア自身が、ウィキペディアを引用しないように忠告しているのだ。

Caution is advised when using Wikipedia as a source. In many academic institutions, references to Wikipedia, along with most encyclopedias, are unacceptable for research papers. See also Reliability of Wikipedia.

This does not mean that Wikipedia material should be used without citation: plagiarism of Wikipedia material is also academically unacceptable.

ウィキペディアを引用する際には、注意が必要である。多くの学術研究機関では、研究論文へのウィキペディアの引用は、ほかの百科事典と同様に、認められていない。「ウィキペディアの信ぴ

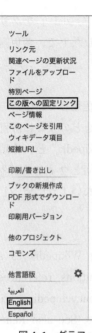

ツール

リンク元
関連ページの更新状況
ファイルをアップロード
特別ページ
この版への固定リンク
ページ情報
このページを引用
ウィキデータ項目
短縮URL

印刷/書き出し

ブックの新規作成
PDF 形式でダウンロード
印刷用バージョン

他のプロジェクト

コモンズ

他言語版 ⚙

العربية
English
Español

説明　[編集]

ダイヤモンド以上に炭素同士の結合が強く、平面内ではダ〔　〕にもとても強く、世界で最も引っ張りに強い。熱伝導も世〔　〕に良い物質である。

完全なグラフェンは、六角形セルの集合のみからなり、五〔　〕ルが孤立して存在するときには、平面はコーン状にとがっ〔　〕同じように七角形のセルが孤立したものはシートをサドル〔　〕ことでカーボンナノバッド のような様々な形状を生み出す〔　〕

図4-1　グラフェン（Graphene）のウィキペディアページ
2021 年 6 月現在。左：日本語、右：英語。左端の「ツール（Tools）」欄の□囲み部分「この版への固定リンク（Permanent link）」には最新の編集歴が示されている。「他言語版（Languages）」には各国語版が示されている（□囲み部分）。　本文中の［　］内には、文献番号が示されている（○囲み部分）。カーソルを当てると該当する文献が示され、クリックすると文末の文献リストに飛ぶ。

ょう性」も参考のこと。

　しかし、このことはウィキペディアに書かれている材料を引用せずに使うべきということではない。学術的な観点から、ウィキペディアの文章のコピペ（＝盗用）は許されていない。

ools
hat links here
elated changes
pecial pages
ermanent link
age information
te this page
ikidata item

int/export
ownload as PDF
intable version

other projects
ikimedia Commons

nguages
العر
spañol
국어
दी
ahasa Indonesia
本語

with graphene can be made that show bipolar conduction. Ch
exhibits large quantum oscillations and large and nonlinear d
very efficiently along its plane. The material strongly absorbs
black color of graphite; yet a single graphene sheet is nearly
is also about 100 times stronger than would be the strongest

Scientists theorized the potential existence and production of
decades. It has likely been unknowingly produced in small qu
centuries, through the use of pencils and other similar applica
was originally observed in electron microscopes in 1962, but
supported on metal surfaces.[4] The material was later redisc
and characterized in 2004 by Andre Geim and Konstantin No
University of Manchester,[13][14] who were awarded the Nobe
in 2010 for their research on the material. High-quality graphe
surprisingly easy to isolate.

The global market for graphene was $9 million in 2012[15] wi
demand from research and development in semiconductor, e
batteries,[16] and composites.

The IUPAC (International Union for Pure and Applied Chemis
use of the name "graphite" for the three-dimensional material
only when the reactions, structural relations or other propertie
layers are discussed.[17] A narrower definition, of "isolated or

　一方、ウィキペディアの日本語版には、英語版のよ
うな明確な記載はない。「ウィキペディアにある記事
は、著作権法の認める範囲で引用することができます。
引用の仕方については、一般的な引用の要件に従って

ください」とある(2021年8月5日現在)。日本語版は、条件付きながらも引用を容認していることになる。しかし、次の②で述べるように、日本語でも、英語でも、ウィキペディアからは引用すべきではない。

ウィキペディアの賢い活用法

ウィキペディアを使うべきでないという意見もあるが現実的でない。私を含めほとんどの人は、ウィキペディアを便利な情報源として使っている。問題点を理解したうえで、ウィキペディアを賢く使うべきである。

ウィキペディアをどのように使えばよいのだろうか。私はウィキペディアを信頼することなく、情報の入口として使うことをすすめる。

以下の6項目が、ウィキペディアを賢く使うための手引きである。

① ウィキペディアは最初の手がかり

　　ウィキペディアは、歴史、背景など全体像を知るのにはよいサイトである。まず、ウィキペディアで概要を頭に入れよう。

② ウィキペディアを引用しない

　　ウィキペディアが自ら言っているように、ウィキペディアそのものを情報源として引用してはいけない。誰が書いたのか分からないし、内容が一定しない。そのうえ、なかには悪意で勝

手に書き換える人がいるためである。論文では、引用元を「ウィキペディア」と記載すると、編集者はオリジナルの論文を引用するように注意するであろう。

③ ウィキペディアのコピペをしない

　ウィキペディアの文章を「コピペ」（＝盗用）して使うことは厳禁である。ウィキペディアを手がかりに、たくさんの資料を調べたうえで、自分で考え、自分の言葉でまとめることが大切である。盗用検出ソフト iThenticate は、ウィキペディアからの引用も検出できる。

④ 引用文献を読む

　ウィキペディアのよいところは、その根拠となる文献、資料が引用されていることである（図4-1）。本文中の文献番号をクリックすると文献が表示される。情報源である引用資料を調べて、オリジナルの情報を得る。引用文献がないか、あっても不十分なウィキペディアは信頼性が低いと思ってよい。

⑤ 英語版を見る

　ページの左側には、その項目の他言語版がリストされている（図4-1）。English をクリックすると、英語版のページに飛ぶ。正直、日本語のウィキペディアは、英語版に比べるとかなり貧弱である。たとえば炭素化合物の一つ、グラフ

ェン(Graphene)を開いてみよう(図 4-1)。日本語版は、A4 判で 7 ページにすぎないが、英語版はその 13 倍(94 ページ)の情報が詳細に記載されている。引用文献は日本語版の 12 に対して、英語版は 323 に上る(2021 年 7 月 26 日現在)。日本語と英語の情報格差に改めて驚かされる。

⑥ テーマと関係のある言語のページも参考に

　より深く知るためには、検索事項が関わる国のページを開くのがよい。アルツハイマー病を調べるのであれば、この病名の由来となったアロイス・アルツハイマー(Alois Alzheimer)のドイツ語版を見る。彼が最初の患者(Auguste Deter, 51 歳女性)を問診したときの患者との会話記録が出ている(英語版にも、日本語版にも載っていない)。同じように、フランスの小説家ドーデ(Alphonse Daudet)についてはフランス語版が一番詳しいし、縄文土器では日本語版が最も充実している。

検索した情報の保存

　続けて検索していると、少し前に検索したページでも見つからなくなってしまうことがよくある。私は、Microsoft Edge を使って、画面右上にある田「コレクション」機能で必要なページの URL を保存している。「新しいコレクション」に分類を入力し、「現在のペー

ジを追加」をクリックすれば、そのときに開いている
ページが写真と共に記録される。前に見たページをも
う一度見たいときには、その URL を「コレクション」
から選択してクリックすればよい。保存 URL が多く
なると、Edge が重くなるので URL リストを Word に
移す。

3.「並列読み」のすすめ

OECD の読解力テスト

　国連機関の一つである OECD は、3 年に 1 度、加
盟国の 15 歳の生徒を対象に学習到達度調査 PISA（Pro-
gramme for International Student Assessment）を行ってい
る。

　日本の教育関係者は 2018 年の PISA の結果にショ
ックを受けた。読解力の成績が、2015 年の 8 位から
15 位へと大きく落ちたのだ。その大きな理由の一つ
は、読解力のテスト問題が、情報を読み解く力をはか
るものに変わったことであった。日本の子どもたちは、
情報を読み解く力が弱いことが明らかになった（ちな
みに数学、科学リテラシーの成績は落ちていない）。

　2018 年の OECD 読解力テスト（公開問題）は次のよう
なものであった[39]。

　　　イースター島の巨人像（モアイ像）は、どのよう

にして遠く離れた石切り場から運ばれたかが長年の謎だったが、かつて島にあった植物を用いて行われたことが、1990年代にわかった。しかし、それに使われた巨木の森は、1722年にヨーロッパ人がはじめて上陸したときには消滅していた。なぜだろうか。3つのネット情報（科学者のブログ、ジャレド・ダイアモンドの『文明崩壊』書評記事、サイエンスライターの記事）を読み解き、自分の考えを述べよ。

3種の情報を比較しながら考えるこの問題は、パソコンを日常的に使い、キーボードで入力することに慣れていないとできないかもしれない。スマホしか使っていない子どもたちは苦労し、よい成績を残せなかったに違いない。

大事なのは「並列読み（lateral reading）」

OECDは、情報を読み解くために「並列読み（lateral reading）」ができるようになることを求めている。「並列読み」（仮訳）は聞き慣れない言葉かもしれないが、パソコン上で複数の情報サイトを並列して、それらの内容を比較検討し、よりよい情報に到達する読み方である。一つの情報だけに頼らず、多くの情報から正しい情報を得るためには欠かせない読解法である。

「並列読み」をするには、まず、情報が載っている

サイトを探すことが必要である。調べたいテーマについて、最適なキーワードを考えて検索しよう。期待するサイトがヒットしないときには、検索キーワードに一工夫が必要だ。検索結果の最初のページに出てくるサイトが、信用できるサイトであるとは限らない。

　ウィキペディアは、たいてい検索結果の最初のページに出てくる。日本語版ウィキペディアにざっと目を通して概要が分かったら、英語版のページに飛び、詳しい情報を得てから、引用文献を調べる。ウィキペディアは「並列読み」の入口としての価値が高い。

PISA について「並列読み」をする

　「並列読み」の一つの例として、PISA について情報収集してみよう（以下の結果は 2021 年 5 月現在）。

　「PISA 調査」を検索語にすると、多くの検索エンジンで、最初のページに国立教育政策研究所のサイトが出てくる。このサイトには、日本の PISA 成績の分析結果が、2018 年から 2000 年までさかのぼって詳しく書かれている。文部科学省のサイトも上位にあがっているが、ここには型どおりの大臣談話が載っているだけで、PISA について知るには参考にならない。日本語版ウィキペディアは引用文献が少なく、詳しく調べるのには向いていない。日本語版ウィキで PISA の概要が分かったら、英語版を読んでみよう。

　英語版ウィキペディアには、PISA の背景や影響力

などが詳しく紹介され、さらに70を超える引用文献がある（日本語版の引用は12のみ）。引用文献から、OECDのサイトに飛び、PISAを行ったOECDの意図を読み取る。2018年のPISAの成績についてOECDの正式報告もある。各国の分析は英語だけでなく、その国の言語で書かれている。

　さらに、「PISA2018　新聞」をキーワードとして検索すれば、2018年の成績についての新聞記事を読むことができる。これらの論調からは、読解力低下への危機感が伝わってくる。

読書力を上げよう

　なぜPISA2018の読解力テストで、日本の成績は急に落ちたのであろうか。国立教育制度研究所の分析によると、長文の読解力、自らの考えを主張する文章力に問題があるという[40]。読解力の基本は読書力である。安易なコンテンツを読むのではなく、少し難解なくらいの長文にチャレンジするような読書が、読解力の基本となる。デジタル化の時代であるからこそ、本を読み、考えるという昔からの教えの重要性が浮かび上がってきたのだ。

デジタル時代の「斜め読み」は「検索読み」

　たくさんの資料に目を通すためには、全部をていねいに読んでいるわけにはいかない。昔から言われてい

る「斜め読み」、すなわち、ページの片隅から斜めに読んで、必要なことを読み取らねばならない。「斜め読み」とは何かを改めて考えてみると、頭の中に知りたいことのキーワードをいくつか思い浮かべ、それに合う内容を探しながら斜めに読んでいることになる。そうであれば、デジタル時代の今は、検索機能も使うべきである。

　画面上に PDF、Word の資料を広げ、キーボード上のキー【「Ctrl」＋「f」】を同時に押せば、画面上に検索ウインドウが現れる。知りたいキーワードを入れて検索すればよい。デジタル時代の斜め読みは「検索読み」なのだ。見逃しのない賢い方法である。

4.「スマホ脳」にならない

スマホ脳

　スマホ（smartphone）は、いわばポケットに入るコンピュータ（pocketable computer）である。電車に乗ると、前の席一列に座っている人の8割、いや9割くらいはスマホの画面を見ている。鞄のなかを一所懸命に探っている人は、スマホが見当たらずパニックになっているのかもしれない。

　確かに、スマホは便利だ。電話、メール、情報検索、道案内、写真撮影、何でもできる。SNS（social networking service）を使えば、友人だけでなく、会ったこ

とのない人ともつながる。われわれは、スマホを手放せなくなっている。食事のときでさえ、ついスマホを手に取ってしまう。部屋から部屋に移動するときも、片方の手にはスマホがある。スマホはすでに身体の一部になっているのだ。

スウェーデンの精神科医、アンデシュ・ハンセン（Anders Hansen）の『スマホ脳』によると、平均的な大人はスマホを1日に4時間使っているという[41]。2007年に世に出たスマホはたった10年で、われわれを乗っ取ってしまったのだ。ハンセンは『スマホ脳』のなかで、スマホがわれわれの精神と行動に与える実態について問題を提起した。脳内物質、神経中枢がスマホにコントロールされ、睡眠障害、記憶力・集中力・学力の低下が起きている実態を明らかにしている。

スマホ依存度チェック

スマホは便利な道具である。うまく使いながら「スマホ脳」にならず、スマホに頼らずに生活するためにはどうしたらよいであろうか。まず、自分のスマホ依存度を知ることである。

✓ 1日のスマホ使用時間が4時間を超えていないか。
✓ 食事のときにスマホを見ていないか。
✓ スマホがそばにないと不安にならないか。

✓　夜中に起きたときにスマホを見ないか。

どうしたらスマホを見る時間を短くできるだろうか。

✓　スマホをそばに置かない。たとえば、マナーモードにして鞄にしまう。
✓　スマホを見る時間を決める。
✓　スマホに利用時間制限ソフトを入れる。
✓　寝るときにスマホを寝室に置かない。
✓　寝る直前にメールを開かない。
✓　スマホの SNS はアンインストールして、パソコンで見る。
✓　スマホの画面を白黒にする。

　白黒画面にするのは『スマホ脳』のおすすめである。さっそく試してみたところ、確かに灰色の世界になると、あまり見る気がしなくなった。
　『スマホ脳』の著者は、授業中はスマホ禁止と言う。しかし、私は学会や会議などで、知らないことが出てきたら、その場でスマホを使って確認するようにしている。ゴシップ記事を見たり、メールをしたりしている人もいるかもしれないが、真剣に授業を受け、分からないことをスマホで調べている学生もいる。一概に、授業中にスマホを使うなとは言えないだろう。

SNS に溺れない

SNS は、その名の通り、人と人のネットワークを
つくることを目的にしている。人びとは、SNS を通
じて、日常、あるいは特別な経験の情報を交換し、コ
ミュニケーションを楽しみ、人とのつながりを確認す
る。2004 年 2 月、ハーバード大学の学生、ザッカー
バーグ（Mark E. Zuckerberg）が始めたフェイスブックは、
それから 16 年の間に、地球上の人口の 3 分の 1 に、
毎日 30 分は使われるようになった。フェイスブック
を使うのは、「自分のことを知ってほしい」「自分の周
りの人を知っておきたい」という単純な動機からだと、
ハンセンは『スマホ脳』のなかで言う[41]。

数千人のアメリカ人を調査した研究では、フェイス
ブックを使うほど孤独になり、幸福感は減っていった
という。なぜだろうか。それは「デジタルな嫉妬」の
せいだ、とハンセンは言う。フェイスブックで素晴ら
しい経験をしている人と自分を比較し「自分なんかダ
メだ」と感じている。10 代を含む 1500 人の若者の調
査では、7 割が「インスタグラムのせいで自分の容姿
に対するイメージが悪くなった」と答えた。

SNS について、ハンセンは次のようにアドバイス
している。

　　✓ SNS は積極的に交流したい人だけをフォロー
　　　する。

✓ SNSは交流の道具と考えて、ほかの人の投稿に積極的にコメントすれば、親近感が生まれ、関係が深まる。

✓ SNSにいちいち反応しない。

✓ スマホからSNSをアンインストールしてパソコンだけを使おう。

5. フェイク・ニュースに引っかからない

フェイク・ニュースはSNSで拡散する

　フェイク・ニュース(fake news)は、SNSで拡散する。『スマホ脳』によると、SNS上の10万件のニュースを調査したところ、フェイク・ニュースの方が、正当なニュースより多く拡散され、しかもそのスピードは6倍も速かったという[41]。

　新聞、テレビなどのメディアでは、面白いかどうかだけでなく、真実かどうかを編集者が判断したニュースを報道する。しかし、SNSには監視する編集者がいない。その点は、編集者が責任をもつ事典と、責任者のいないウィキペディアの違いに似ている。

トランプ大統領のフェイク・ニュース作戦

　オックスフォード大学出版局は、2016年を象徴する言葉に"post-truth"を選んだ。"post-truth"(真実後、脱真実)とは、客観的事実よりも感情的、個人的意見

の方が影響力をもつことをいう。「フェイク・ニュース」も"post-truth"の一つである[42]。その年にアメリカ大統領に選ばれたトランプ氏は、「フェイク・ニュース」を多用した。その背景には、ソーシャル・メディアが台頭し、さまざまな人が、さまざまな意見を、事実を吟味することなく発信し始めたことがある。

トランプ大統領は、気に入らないニュースをフェイクとして片づける一方、自分勝手なフェイク・ニュースをツイッターで発信し、社会を混乱させた。われわれは、フェイク・ニュースを発信しないことはもちろん、意見の異なるニュースをフェイクだとして一方的に退けることがないようにしなければならない。

"infodemic"

2020年、パンデミックに際して、WHOは、"infodemic"という言葉をつくって警告を発した[43]。"infodemic"は"information"と"epidemic（流行）"の合成語である。感染が広がるにしたがい、あらゆるところから情報が発信され、あふれ出す。正しい情報もあるが、なかには怪しげなフェイク・ニュースも混じっている。人びとは感染症を恐れ、パニックになり、にせの情報を信じてしまう。

感染症に限らず、社会が混乱しているときには、とくにフェイク・ニュースを見分けることが大事である。入手困難になるという情報に踊らされて起こったトイ

レットペーパーの買い占め騒動などは、その典型である。

情報源の確認

信用できる情報とフェイク・ニュースとを見分けるにはどうしたらよいであろうか。最初にすべきは、情報源の確認である。URL を見れば、"www." の後に続く文字列で発信組織が分かる。たとえば "mhlw" であれば厚労省、"nytimes" であればニューヨーク・タイムズ(NY Times)である。日本の公的機関、メディアの発表には、情報源の記載のないものが大部分である。このため、情報源にさかのぼって、記事の真偽、詳細を確認できない。一方、欧米諸国の発表では、ほとんどの場合、情報源を明記、あるいは情報源 URL につながるようになっているため、信頼性が高い。日本の関係者には情報源の問題を真剣に考えてほしい。

SNS の発信する情報は、注意して扱う必要がある。ツイッターの文章は、科学的根拠を示したり、論理的に記述したりすることができないため、結論だけを急いで書くことになる。しかも、思ったことをすぐに発信するので、短絡的、感情的になりやすい。情報時代であるからこそ、情報の発信には注意深さが必要である。

批判的に考える（critical thinking）

フェイク・ニュースに騙されないために、一番大事なのは「批判的に考えること（critical thinking）」である。日本語で「批判」というと、非難、否定などのネガティブな反応と思いがちであるが、「客観的」「科学的」に考えることが「批判的に考える」ことである。

新しい情報に出会ったら、次のような見地から、批判的に考える必要がある。

- ✔ その情報に科学的根拠（エビデンス）があるか。
- ✔ 実証された根拠があるか。
- ✔ 理論的根拠があるか。
- ✔ ほかの考え方ができないか。
- ✔ 単純すぎないか。
- ✔ 正義に反していないか。
- ✔ 情報源は信頼できるか。
- ✔ 情報源をネットで調べられるか。
- ✔ 情報源は公的機関か、個人か、それとも匿名か。
- ✔ 情報は公開されているか。
- ✔ 情報は審査のあるジャーナルに掲載されているか。

基礎知識をもつ

批判的に考える際に大事なのは、基礎から理解していることである。法律の考え方、経済の仕組み、病気

の性質などについて、基礎知識をもち、批判的に考えるようにしていれば、フェイク・ニュースに簡単には引っかからないであろう。そのためには、自分の専門分野以外にも常に関心をもち続けることが大切である。

エコーチャンバーに入らない

　風呂場で歌うと、自分の声がエコーして気分がよい。同じ考えの仲間だけと付き合うのも気分がよい。自分の考えに合わない「敵」を非難すれば、みんなが同調してくれる。SNS で「いいね」と言ってくれるような意見ばかりに囲まれていると、判断力がなくなり、フェイク・ニュースを安易に信じ、さらに拡散させてしまう。

　エコーチャンバー（echo chamber）とは、閉鎖的なコミュニティ内でコミュニケーションを繰り返すことにより、特定の考えが増幅される現象である。日ごろからものごとを批判的に考え、冷静に行動し、エコーチャンバーに入らないようにすることが大事である。

スマホだけでなくパソコンも使う

　確かに、スマホは便利だが、それだけに頼っていると、デジタルの力を十分に活用できない。スマホとパソコンの両方を使うようにしよう。

　なぜパソコンなのか。スマホはいわば、持ち主に寄生した一人称的存在になっているため、依存しがちで

ある。しかし、パソコンは、いつでもどこでも広げられるわけではなく、いわば、二人称あるいは三人称的な存在である。その分、われわれはパソコンとは冷静に付き合うことができるはずだ。

それに、画面が大きい点で、情報を処理するときにもパソコンは有利である。「並列読み」では、複数のサイトを一画面に広げ、比較し、考える。それには画面の大きいパソコンを使うほかない。さらには、モニター画面をつなげ、2画面で作業をすれば、もっと能率が上がるはずだ。大量の数字を扱うエクセルは、画面の小さいスマホでは間違いやすい。そして、オンライン授業もパソコンで受ける方が、スマホよりもはるかに効率的である。

日本の高校生や大学生の多くは、スマホを駆使するが、パソコンとキーボードには慣れていない。2018年のPISAの成績が大きく下がったのは、子どもたちがパソコンに慣れていなかったことが大きい。スマホだけに依存する傾向は大学生になっても続いている。

6. 数字で考える

すべての事象が数量化できるとは限らない。しかし、多くの自然現象と社会現象は数字として表現できるはずだ。数字で表現し、数字で考えることにより、信頼性と説得力を増す。それは、自然科学分野だけではな

く、人文・社会科学分野でも同じである。得意、不得意はあるかもしれないが、数学的センスはすべての学問に必要である。

　数字で考えるときに欠かせないコンピュータ・ソフトにエクセルがある。どんな計算でもできる。測定の結果を数式で示し、図にしてくれる。数字で考え、解析し、図表にまとめるためには、エクセルに精通している必要がある。以下、数字で考えるとはどういうことか、注意点とともに考えてみよう。

統計の数字を調べる

　とくに、問題の背景説明をするときには、統計データを示すと理解が深まる。

　たとえば、日本の高齢化社会の問題を論じるときを考えてみよう。次のような項目についてデータを集め、議論を展開する——世界各国と日本の平均寿命の推移、世界各国における高齢者の数・主な死亡原因・医療費、健康寿命、高齢者数の将来予測など。これらの数字を表やグラフにし、比較などをすれば、日本の状況の深刻さについての説得力が増すだろう。

確率で考える

　現象が起こる確率で考えることも、物事の評価には大切だ。たとえば2021年6月現在、新型コロナウイルス感染症のmRNAワクチン接種に、アナフィラキ

シー・ショックのような重篤な副反応が起こるのは10万回に1回程度であるとされる。その低い頻度の副反応にも対策が立てられているのであれば、ワクチンの効用はリスクを上回っている。私には、ワクチンを忌避する理由はない。

　一方、2020年の年末ジャンボ宝くじは、1等7億円の当選確率が2000万枚に1枚であった。当選確率は、ワクチン接種によるアナフィラキシー・ショックの200分の1しかない。宝くじを買うのは、夢を買うことと考えれば、それなりの理屈が立つのだろう。

平均値とばらつき

　グループを代表する数値は平均値だけではない。ほかに、中央値、モード（最頻値）などがある。中央値とは、大きさの順に並べたとき中央に位置する値、最頻値とは、頻度の最も大きい値のことである。

　一般的に、身長の分布は正規分布（ベル型分布）にしたがうので、平均値を見れば、そのグループの特徴がわかる。しかし、たとえば大学ごとの親の収入を比較するには、偏りのある分布になることが予想されるので、代表する値としては中央値の方がよいだろう。

　数値のばらつきの程度から、数値の信頼性が推測できる。ばらつきの指標としては、標準偏差、信頼限界、決定係数などがある。たとえば前述したが、本書の文の長さは、平均35.3字、標準偏差16.9字である（p.

22)。

有意性の検討

得られた結果に意味があることを主張するのは、統計学的に有意性があるときのみに限られる。有意性は、通常、二つのグループの間に差がないとする帰無仮説を棄却することによって証明される。棄却の確率(p値)が 0.05 以下のときは、有意(significant)とみなしてよいとされている。すなわち、20 回に 1 回の間違いは容認されていることになる。しかし、より確実な証明のためには、0.01 以下の p 値が望ましい。

問題なのは、無理に 0.05 にしてしまう p ハッキング(p-hacking)という行為である。たとえば、0.05 になるようにデータを選ぶ、あるいは 0.05 になったところでデータを取るのをやめてしまうような意図的な行為は、不正とまではいえないにしても、不適切な行為である。そのようにして得られたデータは、再現性がないことがあり、後に問題となる。

線形と非線形

数字のつながりが、グラフ上で 1 本の直線になるときを線形(linear)という。このとき、y は x に比例して変化する($y=ax+b$)関係にある。しかし、世の中の多くの現象は、必ずしも直線になるとは限らず、非線形(non-linear)となる。

非線形のデータの意味は、数学的処理を施して線形のグラフにすることで見えてくることが多い。たとえばY軸を対数にしてグラフ化すると、直線になるときには、そのデータは指数関数(exponential function)で表される。X軸とY軸をともに対数にしたときに、直線のグラフになれば、べき乗則(power law)にしたがっていると考える。

　ただし、コンピュータは指令にしたがって強引にでも線を引いてしまうことに留意する必要がある。近似曲線を考えるためには、数学的な勘とセンスが必要である。

数式

　数字のつながりはグラフの線となり、線は数式に表現される。数式は、数量間の関係を表す数学の言葉である。一つの現象から数式が得られると、その現象は抽象化され、分析は一段と進む。現象の本質が分かり、数量の変化のメカニズムも分かってくるのだ。

　数式は、一つの結論であると同時に、新しい世界への出発点となる。

相関と因果

　相関関係と因果関係が違うことは、図4-2を見れば自ずと理解できるであろう[44]。チョコレート消費量が多いほどノーベル賞受賞者が多く、ノーベル賞受賞

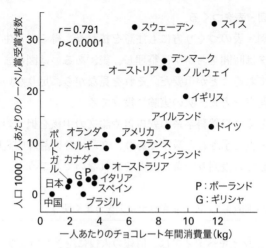

図 4-2　ノーベル賞受賞者数とチョコレート消費の関係 [44]

とチョコレート消費の間には相関関係があるように見える。しかし、両者の間に因果関係のないことは、常識的に考えて誰にでも分かるはずだ。まして、1 人が年に 400 g ずつチョコを食べれば、人口 1000 万人あたりの受賞者が 1 人増えるとしたら、それこそ、ノーベル賞クラスの大発見である。

　この「大発見」をした論文著者は、チョコレートの消費の割にスウェーデンの受賞者が多いのは、自国に有利な選考をしているためだと主張している。ノーベル賞選考委員会はその指摘に反論していない。

図・表をつくる

図・表のつくり方にも注意を払おう。得られた生データは時間をおかずに整理し、表、あるいは図にまとめておくことが重要だ。それを見ながら、足りない点、問題点を考え、次の実験に役立てる。

とくに自然科学系の報告書や論文の中核を担うのは、図・表で示された数字であり、文章はその論理的説明としての役回りであることを忘れないでおこう。

Checklist 4-1 ▶ ウィキペディアをうまく使う

ウィキペディアは、情報の入口に過ぎない。ウィキペディアからの情報だけで満足しないようにしよう。

✓ ウィキペディア本文中の引用文献番号をクリックして、そのもとになった情報を調べたか。

✓ 英語版にも目を通したか。日本のテーマでない限り、日本語版よりもはるかに充実した情報が得られる。

✓ ウィキペディアをコピペして使うことなく、もとの文献にあたったり、得られた情報を自分の頭で消化したりして自分の文章を書いたか。

Checklist 4-2　▶「正しい」情報を集める

インターネットにあふれる情報から、フェイク・ニュースに引っかかることなく、信用がおける情報を探そう。

✔ 信頼できるデータベースから情報を得たか。

✔ 情報源は社会的に信頼されているか。

✔ 一つの情報源だけに頼っていないか。

✔ 情報を「並列読み」してさまざまな情報に目を通したか。

✔ たくさんの情報を比較しながら読むために、パソコンが使いこなせるか。

✔ 情報の信頼性を判定するために、その情報の根拠と情報源を調べたか。

✔ フェイク・ニュースに引っかからないために、常に批判的に考えているか。

✔ 情報の読解力を養うために、たくさんの本を読んでいるか。

✔ 自分の気に入らない情報にフェイク・ニュースとレッテル貼りをしていないか。冷静に対処しているか。

Checklist 4-3　▶ 数字で考える

✔ エクセルを使えるか。

✔ 数字が好きか。

✔ 確率で考えたか。

✔ 有意性を検討したか。

✔ きれいなグラフが描けると嬉しいか。

第 **5** 章

パワポでプレゼン、
オンラインで授業

リチャード・ギア主演の映画『HACHI 約束の犬』は、小学生の"Show and Tell"授業のシーンから始まる。子どもたちが、それぞれの考えるヒーローについて発表するなかで、一人の少年が祖父の「忠犬ハチ公」の話をする。アメリカの小学校教育に組み込まれている"Show and Tell"授業は、プレゼンテーション教育の一つといってよいであろう。

　プレゼンテーションの重要性がいわれて久しいが、日本では、文章教育だけでなく、プレゼンテーション教育も行われていない。調査結果、実験データは、知的文書にまとめるだけではなく、みんなの前で発表して分かってもらうことも大事である。そのときに使う大事なソフトが、パワーポイント（パワポ）である。

　2020年からのコロナ禍のなかで、大活躍しているツールがある。Zoom、Webex、Teamsなどのクラウド・コミュニケーションサービスである。パンデミックにより人びとが集まれなくなるなか、このようなツールが利用できたのは、不幸中の幸いといってよいだろう。官庁や企業の会議は、少なからずオンライン会議に変わった。大学では、キャンパスで青春を謳歌できたはずの学生は、自室に閉じこもってオンラインで講義を受けざるを得なくなった。問題もあるが、オンライン授業、会議にはよいところもたくさんある。ポストコロナの時代になっても、オンライン方式は続けられることであろう。

この章では、パワーポイントというソフトとクラウド・コミュニケーションに支えられているプレゼンテーションとコミュニケーションについて考える。

1. パワーポイントでスライドをつくる

パワポは最良のプレゼンテーション準備ツール

私はプレゼンテーション用に、自分でパワーポイントを使ってスライドをつくることにしている。改めて数えてみると、2000年代に入って本格的にパソコンを使い出してから650以上のタイトルの資料をすべて自作した。平均して10日に一つ。相当の時間をパワーポイントのスライドづくりにかけたことになる。

なぜ、自分自身でつくるのか。それは、最も有効な講演の準備になるからである。スライドをつくる過程で、自分の考えが整理されてくる。単純化する過程で大事なことのみが残ってくる。どうしたら分かりやすく話せるか、スライドの順番を入れ替えながら考える。スライドをつくり終えた頃には、頭の中は整理され、原稿なしでもよどみなく話せるようになる。パワーポイントは最良のプレゼンテーション準備ツールである。学生はもちろん、大学教授も、プレゼンテーション用のスライドは自分でつくるべきである。

パワーポイントはよくできたソフトである。ワード

のように、余計なお節介で勝手に体裁を変えられることなく、自分で自由に画面をつくれる。写真もエクセルの図表も、パソコン画面上で、スライドにドラッグするだけで貼り付けられる。

　プレゼンテーションが決まったら、最初に、見出しとメモを入れただけのスライドをつくる。以前につくったスライドがあれば、そこから必要なスライドをドラッグする。およそのスライドがそろったら、順番を入れ替えながら話の筋を決める。つまり、プレゼンテーションのデッサンをパワーポイントで行うのだ。この方法は、論文を書くときにも応用できる。

分かりやすい図・表をつくる

　プレゼンテーションには　原稿を書くとき以上に、簡潔・明解・論理的の「知的三原則」が必要である。せいぜい15分で、論文でいえば、序論、方法、結果、考察、結論までを話さなければならないのだ。たくさんの資料とデータから重要なものを選択しなければならない。データは、分かりやすい図や表にまとめる。

　1枚のスライドを1分程度で説明するのだ。複雑な図では、誰にも分かってもらえない。1枚のスライドに入れるのは2〜3枚の図表が限界であろう。大事な点が分かるように工夫した図表をつくることが肝心である。数字、とくに図の縦軸・横軸の文字は、はっきりと読める大きさにする。棒グラフには、標準偏差の

バーを加え、差が有意か否かも分かるようにする。模式図は理解を助けるのに役に立つが、あまり単純化すると誤解を招くことになる。発表内容を象徴するような絵や漫画(cartoon)なども上手に使いたい。

　図・表・写真などを引用したときは、必ず引用元をスライドのどこかに示す(多くは図5-2のように下側)。出典を明示しないと問題になることがあるので、要注意。

スライドは詰め込み禁止

細かい字と図で画面が埋まり、その間に矢印や小さ

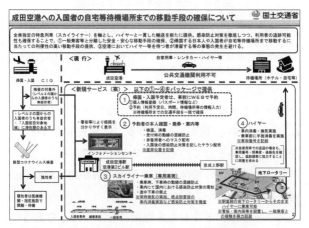

図 5-1　複雑で分かりにくいスライドの例
成田空港に到着した新型コロナウイルス感染者を空港から自宅などの待機所まで移動させる手段についてのスライド[45]。

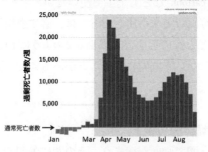

図 5-2　分かりやすいスライドの例
新型コロナ感染症によるアメリカの過剰死亡者数。2020年1〜8月の週ごとの過剰死亡者数が棒グラフで示されている。説明は2行に収め、図の縦軸・横軸の数字と文字は大きくした。3〜8月の過剰死亡者数が非常に多いことがはっきりと読みとれる。図の下に引用資料を示す。著者作図。

なイラストが配置されているようなスライドを見せられることがある（図5-1）。その多くは発表用ではなく、説明用の資料としてつくったスライドであろう。何もかも詰め込んだのでは、1〜2分で理解が得られない。何を言いたいのかも伝わらない。

　スライドは、どうしたら聴衆に分かってもらえるか。聞く人、見る人の立場に立ってつくることが大切である。説得力のある図を大きく載せ、文章はできるだけ

短く、3 行以内に収めるようにする。あるいは、箇条書きにするのがよい（図 5-2）。

3 点ルール

アップル社の創始者スティーブ・ジョブズ（Steve Jobs）はプレゼンテーションの名人であった[46]。彼は説明をするとき、ポイントを 3 点に絞り込んだ。1984年、初代マッキントッシュを発表したとき、ジョブズはこう語った。

　「この業界には、今まで、マイルストンと言えるほど画期的な製品はふたつしかありませんでした。1977 年のアップル II と 1981 年の IBM PC です。今日は、3 番目となる製品をご紹介します。マッキントッシュです。これがめちゃくちゃすごいんですよ」

2008 年、iPhone 発売 1 年目のとき、ジョブズは 3本足のスツールを示し、次のように話し出した。

　「……アップルには 3 本の柱がある。最初の柱は、もちろん、マックだ。2 本目は iPod と iTunes による音楽事業。そして、3 本目となるのが iPhoneだ。……今日、アップルは iPhone 3G を発表する」

なぜ３点がよいのか。３点であれば、初めて聞くことでも、その場で理解できる。10になると誰も覚えられない。５でも印象が薄くなる。ジョブズの素晴らしいプレゼンテーションには「3」という数字のマジックが隠されていたのである。

ストーリー展開と発表時間

　発表内容をきちんと理解してもらうためには、論理的で分かりやすいストーリー展開が必要である。データを見直して、どのような順番で話せば一番分かりやすく、理解してもらえるかを考える。細かいデータのどこを省いて、何を強調すべきかを検討しながらスライドをつくる。

　発表の制限時間は守らなければならない。何回か経験しているうちに、自分の発表スタイルでは、１枚のスライドを説明するのに、どのくらいの時間がかかるかが分かってくる。発表時間に合わせて、スライドの枚数を調節する。私は、１枚に１分から１分半の時間を割り当てるようにしている。１年以上かけた仕事を10枚程度のスライドにまとめるのは大変である。分かってもらうためには、盛り込む内容を欲張らず、必要な最小限の情報に絞り込み、簡潔、明解なプレゼンテーションをするよう心がけよう。

装飾過多にならない

　パワーポイントには、さまざまな色、フォントが用意されている。スライドの背景をどのようにするかも自由自在だ。

　そのため、つい装飾過剰なスライドをつくりたくなる。しかし、あまり凝らずに、シンプルなスライドをつくることをすすめる。私のパワーポイントは白の背景に、文字は黒色、見出しは青色の2色と決めている。赤色の文字は読みにくいので使わない。背景を白地にしているのは、会場が明るくなることと、配布資料にするときのインク代節約のためである。シンプルで分かりやすい、自分のスタイルをつくろう。

2. プレゼンテーションする

　分かりやすいスライドが完成すれば、プレゼンテーションは半分以上終わったようなものである。あとは発表するだけだ。

　プレゼンテーションをする人を、ときどき「プレゼンテーター」という人がいる。プレゼンテーションが大事といわれているので、そう思い込んでしまったのかもしれない。正しくは「プレゼンター（presenter）」である。

一発勝負の短距離競走

　プレゼンテーションは一発勝負の短距離競走である。短い時間で、自分の仕事を発表する。文章であれば、時間をかけて書き直すことができるが、言葉はいったん発したらもどらない。

　短い間に、自分の言いたいことを確実に聴衆に届けたうえでコミュニケーションを成立させるのは簡単でない。パワーポイントのスライドづくりを含めて、発表には相当の準備が必要である。

誰に聞かせたいか

　誰が聴衆か、誰に聞かせたいかを意識して話すことが大切である。レポートや卒業論文の発表であれば、教員と同じクラスの仲間が聞いていることであろう。会社での発表なら同僚や上司が聞いている。

　学会発表となると、その分野のトップの人から学生に至るまで、たくさんの人が聞いている。自分の考えを、自信をもって堂々と話すことができれば、評価も上がるはずである。

自己主張とコミュニケーションの場

　プレゼンテーションは自己主張と同時に、コミュニケーションの場である。自分の考え、自分の得た結果を理解してもらうためにプレゼンテーションする。その内容に説得力があれば、聴衆との間にコミュニケー

ションが成立するはずである。

　聴衆が、内容を理解し、問題点を共有し、発表者に共感をもってもらえれば、プレゼンテーションは成功したといえる。好意的な質問を受けることであろう。

プレゼンテーションの準備

　繰り返しになるが、自分で発表用のパワーポイント・スライドをつくるのが最も効率的な準備方法である。よく準備されていれば、落ち着いて発表できる。

　慣れないうちは、とくに英語の発表のときには、あらかじめ原稿をつくっておくとよい。話すのが苦手な人には、失敗しないためにも原稿をつくることをすすめる。

　しかし、原稿を棒読みしたのでは迫力に欠ける。十分に準備して、当日は原稿を離れても話せるようにしておくことだ。箇条書きでもよいので、話す内容を書いておくのがよい。

上手な発表

　話し方次第でプレゼンテーションの印象は変わる。誰もが聞きやすい話し方をしよう。

　　✓　ある程度の緊張感をもって、
　　✓　あまり早口でなく、
　　✓　落ち着いて、

- ✓ 大きな声で、
- ✓ ていねいな言い方で、
- ✓ 文章の最後まできちんと発音して、
- ✓ 「えー」とか「あのー」などの意味のない言葉を挟まないで、
- ✓ メリハリのきいた話し方をする。

第1章で述べたように、日本語では、文章で一番大事な述語、肯定否定が文章の最後に来る。このため、文章を最後まできちんと言わないと、肝心なところが分からないことになる。文章の最後のピリオドを意識して、文章の最後まできちんと話すように心がけよう。

話すときの態度も大事である。

- ✓ 場にふさわしい、きちんとした服装で、
- ✓ 原稿、画面だけを見るのではなく、時には聴衆を見ながら、
- ✓ 必要なところはポインターで指し、
- ✓ 自然な姿勢と動きで、
- ✓ 制限時間内で発表を終わる。

質疑応答

発表のあとには、質疑応答の時間がある。誰が質問してくるか分からない。質問にも、正面から向き合い、誠実に、聞かれたことだけを短く答える。余計なこと

は言わない。意見を問われたら、自分の考えをはっきりと述べる。弁解するのはよくない。

　質問の意味が分からないときには聞き直す。しかし、簡単な質問を聞き直すと、勉強不足がばれてしまう。

3. オンライン授業、オンライン会議

　2020年来のコロナ禍は、われわれの行動様式を大きく変えた。人びとの行動が制限された結果、大学はオンライン授業となり、仕事にもオンラインが導入された。Zoom、Webex、Teams のようなウェブ会議用ツールのおかげで何十人もが一堂（正確には一画面）に会し、リアルタイム、双方向性の環境で、話し合い、意見を交換できるようになったのだ。

　オンラインの授業も会議も、スマホでできないわけではない。実際、スマホで授業を受けている学生もいる。しかし、パソコンの方がスマホよりはるかに便利であることは確かだ。画面が大きいので「ギャラリー・ビュー」にすれば参加者の顔をはっきりと見ることができる。画面に映し出された資料を読むことも、手元の資料を参照することもできる。スマホより臨場感がある分、授業、あるいは会議に積極的に参加することになる。

オンライン授業の質

オンライン授業をのぞいてみよう。教授は自宅、あるいは教授室にいる。学生は自分の部屋にいる。画面はいくつにも仕切られ、枠には学生の名前が出ているが、通信量を抑えるために、カメラをオフにしている。音もミュートにしてあるので静かだ。教室に特有なざわめきが聞こえないのが寂しい。本棚を背にした教授が、パワーポイントを用いて講義をする。突然、一人の学生が画面に映った。ベッドに寝転んでタブレットを見ている。間違って、カメラをオンにしてしまったらしい。みんな笑っているのだろうが、笑い声は聞こえない。

オンデマンド配信型授業

オンライン授業には、パワーポイントを使った講義を録画して配信する方法もある。必要に応じて(on demand)学生はいつでも、何回でも聴講できる。この方法は、とくに大勢の学生を対象とした講義に向いている。しかし、学生にとっては講義というよりテレビの教養番組を見ているような感覚ではなかろうか。

教授との関わりは、オンライン授業より、さらに薄くなる。一方、オンデマンドには、分かるまで繰り返し見られるという利点がある。オンデマンドで予習をした後、オンライン授業の学生参加型の討論により理解が深まったという声もある。

オンライン授業もオンデマンド授業も、学生が積極的に履修しなければ容易にドロップアウトしてしまうであろう。本人の積極的に参加するという姿勢が大事だ。

オンライン授業のメリット・デメリット

朝日新聞と河合塾は、共同で、コロナ禍のなかの大学教育について全国の大学にアンケート調査をした（639大学が回答）[47]。遠隔地からも、災害時にも、障害のある学生も、集団が苦手な学生も、参加できるのがオンライン授業のメリットであることは誰にでも理解できる。一方、教員側からみると、オンライン授業になって一番よかったのは、教員が教育内容について考え直すきっかけになったことだという（89％）。オンラインだと質問が減ると思っていたら、51％がオンライン授業で学生からの質問が増えたと回答している。オンデマンドの動画配信で予習し、授業で議論できるようになったこともメリットの一つだという。

一方、実習、実技を必要とする教育には、デメリットが多い。とくに医療関係では大きな問題になっている。さらに、学生のメンタルの問題がある。悩み多き年代の学生は、通常であれば、友人と話し合い、あるいは大学のカウンセラーに相談することもできるのだが、オンラインでは、学生は孤立しがちである。

オンライン授業の開始時に予想していなかった問題

は、課題、予習などにより学生の負担が増加したことだという。オンライン授業の手応えをみるためと、学生を評価するために、教員が学生に多くの課題を課したためであろう。しかし、日本の学生は、他国に比べて自習時間が非常に少ないことを考えると、むしろ歓迎すべきではなかろうか。

オンライン授業はまだ発展途上である。「ブレークアウト・ルーム（breakout room）」を使う少人数の討論形式により、授業の質を上げるなども積極的に考えるべきであろう。

対面授業の重要性

大学の授業は知識の受け渡しだけではない。教員と学生、学生と学生が互いに刺激を受け、議論し、夢を語り合い、生涯の友を得る。大学はその場をつくってくれる。しかし、新型コロナウイルス感染症が、その機会を奪ったのだ。

コロナ禍が収束したときは、多くの授業は対面授業（face-to-face class, in-person class）に戻るであろうか。オンライン授業、オンデマンド授業のよい点を残す、新しい「ハイブリッド」型授業も始まっている。

オンライン会議

働き方もコロナ禍のなかで変わった。普通の事務作業は、オンラインでつながってさえいれば、会社に行

かなくても可能なことが分かった。わざわざ東京まで来なくても、鹿児島からでも、釧路からでも会議に参加できる。時間と費用は大幅に縮小できる。国際会議も、オンラインで十分にできる。

　私が関係している文科省の事業では、オンライン国際会議にしたため、航空運賃を節約できた上に、委員の出席もほぼ 100% になった。学会もオンラインの方がパワーポイントもよく見える。オンライン会議は、コロナ後も引き継がれて行くであろう。

Checklist 5-1 ▶ パワーポイント・スライド

✓ スライドは自分でつくったか。

✓ スライド枚数は、時間内に余裕をもって発表できる枚数か。

✓ 内容を詰め込みすぎていないか。

✓ 簡潔明解か。

✓ 魅力あるストーリー展開になっているか。

✓ 背景、目的を説明しているか。

✓ 箇条書きは3点にまで絞り込んでいるか。

✓ 図表は分かりやすいか。

✓ 数字、文字は見やすいか

✓ 結論、展望を書いたか。

✓ 装飾過多、色彩過多になっていないか。

- ✔ 積極的な気持ちで参加しているか。
- ✔ 画面を消してサボっていないか。
- ✔ オンデマンドのビデオで分からないところがあったら見直しているか。
- ✔ ブレークアウト機能を用いた少人数討論に積極的に参加しているか。

第 **6** 章

英語を学ぶ

1. 英語ネイティブへの恨み、つらみ

これまで60年以上英語を使って仕事をしてきた。その分、英語ネイティブに対する恨み、つらみが大分たまっている。まず、うっぷんばらしから始めよう。

私が英語を初めて習ったのは、大昔、1948年(昭和23年)、中学に入ったときである。大分ひどい発音の先生がいたのを覚えている。それに、数学などと違って、勉強の焦点が定めにくい英語は嫌いだった。

東京の病院でインターンをしていたとき、アメリカ人の家で英語を習っている内科の先生たちに誘われて、初めて英語を話した。研究室に入ってからは、論文を読むのも書くのも英語という生活になり、そのおかげでウィスコンシン大学に留学したときには、それほど英語では困らないようになっていた。イギリス人の留学生は、私がどのくらい英語が分かっているのかを試すかのように、わざと難しい英語で話しかけ、分からないと、にやりと笑った。もう一人、学会で知り合ったアメリカ人からも同じようなチャレンジを受けたのを覚えている。

1973年、リヨン(フランス)にあるWHOで研究をしていたとき、日本語を話す機会はなく、研究所では英語、街ではフランス語を使うほかなかった。思えば、その頃が一番、英語もフランス語も上手だったと思う。

ネイティブの正直な意見

Globish の提案者ネリエール（J-P. Nerrière フランス人）は英語ネイティブの正直な考えを推測して次のように書いている[48]。

I was born with English as a mother tongue, and I started listening to it—and learn it—in my mother's arms. If you do not understand me, it is your problem. My English is perfect. When yours gets better, you will not have the same difficulty. If you lack the drive to learn it, this is your problem, and not mine. English is the most important language. I am not responsible for that, but there is nothing I can do make it different.

このくらいの英語を翻訳なしに理解できなければ、それはあなたの責任だ、とネイティブに言われそうなので、ここでは原文のまま読んで理解してほしい。

しかし、国際化の進んだ今、このような頑固なネイティブは少なくなってきていると、外資系企業で働いた経験のある人は言う。彼ら／彼女らは、英語が国際語であることを認識し、どんな英語にも対応できるようになってきている。

無邪気で鈍感な英語ネイティブ

なぜ、英語が世界の共通語になってしまったのだろうか。イギリスが「七つの海」を支配し、英語が五つの大陸に広まった。20世紀にはアメリカがあらゆる分野で影響力を強めた。加えて、英語は、ほかの言語、たとえばフランス語やイタリア語などのラテン系言語と比べて文法的に単純なため、とっつきやすいということもあった。

前出の水村美苗は、言語を普遍語（universal language）、現地語（local language）、国語（national language）の三つに分ける。普遍語とは、世界に流通する言語と定義すればよいだろう。ヨーロッパでは長らくギリシア語や、それに続くラテン語が普遍語だった。そして今や、英語が普遍語としての地位を獲得し、それを可能にしたのは、インターネットである、と彼女は言う〔5〕。

　　インターネットという技術の登場によって、英語はその〈普遍語〉としての地位をより不動のものにしただけでない。英語はその〈普遍語〉としての地位をほぼ永続的に保てる運命を手にしたのである。人類は、今、英語の世紀に入ったというだけではなく、これからもずっと英語の世紀のなかに生き続ける。英語の世紀は、来世紀も、来々世紀も続く。

　英語を母語とする人たちは「無邪気で鈍感」だ、とも水村は言う[5]。人類の英知をすべて取り込んだ「大図書館」ができれば、「マリに住む学生、カザフスタンに住む科学者、ペルーに住む老人」が、英語でアクセスできると考えるような点に、「英語を〈母語〉とする書き手の底なしの無邪気さと鈍感さを感じる」と。

戦略的で支配的

　インターネットは多言語の社会を結びつけたが、同時に英語の支配をもたらした。とくに学問の世界では、英語が圧倒的勝利を収めた。普遍性を求めるという科学の本質からみれば、普遍語である英語に一極化されたのは当然といってもよい。

　正直に言って、研究者にとっても、ネイティブと同じハンディで競争するのは大変である。読むのにはそれほど苦労しないにしても、論文を書く時間とエネルギーに相当の負担がかかる。論文発表のスピードが要求されているとき、ノン・ネイティブは競争で後れをとりがちである。

　学問だけではない。情報の世界でも、ネイティブは有利になってきている。情報の入手に後れをとれば発信も遅れる。とくに形になる以前の情報は、彼らの間でメール、電話などによって駆け巡り、正式な文書になったときに知ったのではもう遅い。

英語圏の優位性を隠そうとしないのが、諜報活動についての協定「ファイブ・アイズ(five eyes)」である。アメリカ、イギリス、カナダ、オーストラリア、ニュージーランドの英語を母語とする5カ国情報協定は、秘密情報を共有することで、情報戦に有利な地位を確保し、英語による支配を進めようとしている。こうなると、「無邪気で鈍感」ではない。「戦略的で支配的」といってもよい。

一番分かりにくい英語を話すのは誰か

　一番分かりにくい英語を話すのは、どこの国の人であろうか。日本人でも、フランス人でもない。それは、英語ネイティブだ。『ニューズウィーク』誌は、英語を得意とする外交官が集まるEUの会議において、一番分からない英語を話すのはイギリス人である、という記事を載せた[49]。彼ら／彼女らは、英語が「地方語」を越えた「国際語」であることを忘れて(あるいは忘れたふりをして)、「無邪気で鈍感」に話すからだ。

　　……欧州議会では23の公用語が飛び交い、各言語の同時通訳者が忙しく働いている。……発言者の英語が分かりにくいときに自国語に訳してもらうためだ。では、最も多くの聴衆が通訳用ヘッドホンに頼るのは、どの国選出の議員が発言するときだろう。エストニア？　ギリシャ？　いや、

最も理解しにくい英語を話すのはイギリス人議員だ。前後の単語がつながる発音、難解な構文、get on、 take up のように意味を類推しにくい表現、英米文化に根差したスラングや皮肉——。ネイティブスピーカーには当たりまえの要素が、非ネイティブには理解を阻む壁になる。

Globish のすすめ

正直な話、イギリス人やアメリカ人と話すよりも、ドイツ人、イタリア人と英語で話す方が、気が楽だ。英語を母語としない人たちと話すのは、国際語としての英語だからだ。日本 IBM に勤務していたフランス人のネリエールは、そのような英語を Globish という名前で呼ぶことを提案した[48]。Globish は global English を意味する造語である。

Globish には次のような特徴がある。

- ノン・ネイティブのための分かりやすい英語
- 国際社会のコミュニケーションのための英語
- 受け入れることのできる(acceptable)英語
- 自然発生的に生まれたボトムアップの英語
- 1500 語で話せる英語

ノン・ネイティブであるわれわれが話している英語には、多くの間違いがある。発音はおかしいし、文法

的に間違っていることもある。単語も本来の意味でなく使うこともある。しかし、われわれノン・ネイティブの間では、それで十分にコミュニケーションを楽しんでいるのだ。そこに、イギリス人やアメリカ人などのネイティブが入ってくると、みんな間違えることを恐れて会話が止まってしまう。

2. 英語はやさしくて難しい

こんなに長く英語を勉強したのに英語ができない、という言葉をよく耳にする。しかし、われわれの英語の知識は実に豊富である。"This is a pen. I am a boy. I am a girl."から始まって、ずいぶん長く英語を習っているのだ。単語もいっぱい知っている。文法も分かっている。街に出れば英語があふれている。われわれの英語の語彙は、知らない間にかなり充実している。ちなみに"I am a girl."など、会話で使うことなどないだろうと思っていたら、マリリン・モンローの映画『お熱いのがお好き』のなかで、ジャック・レモンの台詞にあった。

私は、30代半ば、フランスで暮らし始めたとき、フランス語の語彙は非常に乏しかった。たとえば、車のドライバー、タイヤ、ブレーキのような常識的な単語さえも知らなかった(それぞれ chauffeur, pneu, frein)。文法も分からないし、聴きとれない。それに比べれば、

英語はなんと楽なことかと思った。

　英語を長く勉強したのに、と否定的に考えるのは間違っている。それだけのことはあるのだ。そして、その基礎をもとに、今、知的な英語術を学ぼうとしている。それでも、と思う。英語が難しいのは確かだ。やさしいように見えて、難しいのが英語だ。この節では、英語を学ぶときに大事なことについて、私見を書いてみよう。

言語を支える「巨人の肩」

　科学が「巨人の肩」の上に立っているように（第3章）、言葉もまたその言葉を生み出した歴史、社会と文化の上に立っている。今井むつみの『英語独習法』は、その巨人を認知科学の言葉で「スキーマ（schema）」と呼んでいる[50]。英語に限らず、言語はどれ一つとっても母語とする人たちのスキーマ、すなわち「完全に身体化され、無意識に働く知識」によって支えられている。言語を支えるのは、その国の歴史、文化である。方言もまた、その地方の文化を反映している。

　外国語習得の環境の違いの一例として、相撲とプロ野球がある。外国人の力士が完全な日本語を話すのに、プロ野球選手はいつまでも日本語が話せない。なぜだろうか。外国から来た力士は、日本人親方の相撲部屋で、日本人力士と一緒に日本文化に取り込まれ、日本

語だけで暮らしている。一方、プロ野球選手は、通訳を介して話し、それぞれ独立に暮らしている。日本語の社会と言語文化にとけこんだ力士、それを学ぼうとしない野球選手。この生活の違いが言葉の習得の違いになるのではなかろうか。

留学のすすめ

若いときに留学する。しかも、そばに誰も日本人がいない環境で生活をすれば、言語間のスキーマと隙間はある程度埋まり、英語が上手になるのは確かである。

今、若い人たちは外国に行かなくなってしまった。観光旅行、短期間の大学訪問には喜んで行くかもしれないが、外国の大学で学び、学位を取り、あるいはポスドクとして研究しようという人は極端に少なくなった。たとえば、2015 年に、アメリカの大学で学位を取った人は、中国人では年に約 5500 人もいるのに対し、日本人はわずか 150 人ほどである[51]。日本の研究環境、生活水準が、外国に行く必要を認めないくらいによくなったためかもしれない。日本にいないとポジションが取れない、という現実的な心配があるのかもしれない。なかには、ウォシュレットのないところには住みたくないという学生もいる、と聞いたことがある。

しかし、外国で学び、研究をするとき、日本にはない何かを感じ、体験し、身につけるであろう。それに、

欧米の大学には世界中から若い人が集まっている。居ながらにして、世界の人びとの考え方、文化を学ぶことができるのだ。違いを知ること、それは、語学を学ぶうえで、最も大事なことである。その経験は、将来にわたって宝物となるはずだ。

TOEIC、TOEFL、英検

英語力評価の試験には、一定の役割があるのは確かだ。一番大事なのは、試験という目的に向かって勉強しようと思うことだ。結果がよければなおさらよい。非常に高い点数であれば、英語ができると評価され、就職にも、社内の評価でも有利になるだろう。しかし、中途半端な成績では、本人も自信がないだろう。さらに勉強を続けて力をつけたい。

点数が高くとも安心はできない。仕事で使うためには場数を踏むことが大切だ。幸い、語学の勉強は歳をとっても続けられる。今は優れた教材がネット上で公開されている。それに、英語独習法のための本もある。語学は、結局、自分で身につけるほかない。

語彙を増やすために辞書で調べる

英語で仕事をし、食事をしながら知的な会話をしようと思うと、Globish の 1500 語の単語ではまったく不十分である。語彙が乏しいと、話を聞くにも資料を読むにも、正確に理解できない。単語が一つ分からな

かったために、全体の意味が正しく理解できないことがある。間違いなく、語彙は多い方がよい。日本語でも同じだが、語彙を増やすためには、辞書を引くことが大切である。

　知らない単語に出会ったら、放っておかず、すぐに辞書で調べよう。まめに調べることにより、知っている単語が増えていく。その場で調べるためにはスマホで単語を検索すればよい。スマホを教室に持ち込むのに反対しないのは、このような利点があるからだ。

　単語を調べるときの辞書には、普通は「英和」あるいは「和英」を使う。しかし、深く意味を調べるときには、「英英」辞書、たとえば "Oxford Dictionary" でも調べるべきである。「英和」は、日本語の語彙に翻訳を落とし込むので理解しやすいが、英語の細かいニュアンスは分からない。

　たとえば "controversial" について調べてみよう。

- 英和辞書：論争のある／議論の余地のある／論争上の異論の多い　　　（『ウィズダム英和辞典』）
- 英英辞書：giving rise or likely to give rise to controversy or public disagreement

　　　　　　（"Oxford Dictionary of English"）

「英英」で調べると、"controversial" を使うときの

状況が明確になる。単に異論があるのではなく、社会的問題の論争が対象になるのだ。コロナ禍のなかで、オンライン授業にすべきかどうかは "controversial" であるが、そのソフトを Zoom にするか Webex にするかの議論では "controversial" とは言わないことが分かる。

単語の多様な使い方、意味を知るには SkELL という無料のオンラインコーパス（言語資料集）がある。SkELL を使うと、英語の単語やフレーズが、英語ネイティブの間で実際にどのように使われているか分かる。

例として "claim" について調べてみよう。日本で「クレーム」は、『広辞苑第七版』にある「①売買契約で、違約があった場合、売手に損害賠償を請求すること」という意味よりも、「クレームをつける」として「②異議。苦情。文句」の意味に使われることが多い。

SkELL で［Similar words］をクリックすると、名詞としての類似語と、動詞としての類似語が示される。ユニークなのは、近い意味の言葉ほど濃い色で、大きな文字で示され、視覚的に分かるように工夫されていることである（図6-1）。日本語として使われる「異議。苦情。文句」に該当するようなネガティブの英単語は見当たらない。

SkELL には、副詞、形容詞などの修飾語（modifier）も掲載されているので、英文を書くときの参考になる。

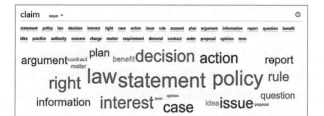

図 6-1 SkELL のページ例
"claim"（名詞）の類似語が視覚的に示される。

『英和活用大辞典』（研究社）には、たとえば "confusion" という単語を目的語とするときの動詞、主語とするときの動詞、形容詞、前置詞が、豊富な例文（英語＋日本語）で示される。英文を書くときにも同様に便利である。

第 7 章

英語を読み、聞き、話し、書く

英語に限らず、外国語を習うときは、読み(reading)、聞き(hearing)、話し(speaking)、書く(writing)ことが必要である。そもそも、言葉であるからには、この四つは一体となって存在するはずであるが、ここでは、読み、聞き、話し、書くことのそれぞれについて考えることにする。

1. 英語を読む

1分で200語を読む

ある程度勉強していれば、英文を読むことはできる。分からない単語は辞書を引けばよい。難しい構文は何回か読めば分かってくるであろう。しかし、時間をかけて資料を読んでいては情報戦争に勝てない。

北村一真の『英語の読み方』によると、英語ネイティブの読むスピードは、1分間に200語という[52]。ニュース番組のキャスターは、1分間に150〜200語を話しているそうだ。A4判に10.5ポイントの文字で印刷すると、400〜450語が1ページに収まるので1ページなら2分で読むことになる。しかしこれは、驚くような速さではない。

英語は英語として理解する

受験英語というと、英文和訳と和文英訳を思い出す。英文を見たら、まず、日本語に翻訳する癖がついてい

ないだろうか。英語学習で大事なのは、英語は英語として理解することである。読んだそばから、そのまま英語のまま理解できるようになることだ。野口悠紀雄は、英語のまま理解できないのは、「分解法」という英語教育の弊害だという〔53〕。

> ［「分解法」とは、］「英語の文章を単語に分解し、個々の単語と文法を用いて組み合わせ、翻訳することによって文章の意味を解釈する」という方法だ。……実際の場で［英語を］使うためには、英語は英語のままで直接に理解する必要がある。日本語とのつながりを一切断ち、「英語脳」で考えることが必要だ。

多読か熟読か

英語の学習では、熟読と多読のどちらが有効だろうか。心理学者の今井むつみは、多読よりも熟読が大事だと言う〔50〕。1回目は辞書を引かずに読む。2回目は、ゆっくりと読み、知らない単語を辞書で確かめ、1回目の理解が正しかったかどうかを確認する。3回目は、辞書に載っている意味と文脈の関係を確認する。確かに、ここまで読み込めば、語彙力は確実につくであろう。

しかし、学生ならともかく、資料を読み解くような仕事をしているときには、同じ資料を3回も読み直す

ようなことはしていられない。100% 理解している必要はなく、肝心な点を間違いなく理解すれば、それでよい。たくさんの資料を読んでいるうちに語彙も増える。読むスピードも上がってくるはずだ。多読は、読解力を上げる王道であると思う。

斜め読み

何かを調べようとすると、たくさんの資料を読まなければならない。資料のすべてをていねいに読んでいるだけの時間はないので、できるだけ速く読まねばならず、斜め読みをすることになる。第4章で述べたように、斜め読みとは、頭に浮かんでいるキーワードを探す読み方である。そのためには、文書(ワード、PDF)の検索機能を使う「検索読み」が一番能率的である。キーワードを変えながら何回か検索するうちに、その資料に有用な情報があるかどうか分かるであろう。

論文を手っ取り早く読むときは、まず、資料のタイトルを見る。タイトルで必要な情報が得られそうだと思ったら要約を読む。ここで、詳しく読むべきかどうかの判断がつく。さらに、本文の図を見る。よい論文は、著者の言いたいことを分かりやすく図にまとめているはずだ。図から、論文の言いたいことを読み取る。

進歩する自動翻訳

コンピュータの自動翻訳機能をどこまで信頼してよ

いだろうか。どのように使うべきか。AI が発達し、翻訳ソフトが普及してきた今、それは大きな問題である。ここまで書いたとき、私は翻訳ソフトを試してみようと思った。使ったのは、ドイツで開発された "DeepL Translator" である。ニューラルネットワークを使ったこの翻訳ソフトは、「Google 翻訳」よりも精度が高く、微妙なニュアンスも翻訳できると評判だ。英語を介して翻訳する方法なので、多くの言語間での翻訳が可能である。

To what extent can we trust the automatic translation function of computers, and how should we use it? This is a big question now that AI has been developed and translation software is becoming more and more popular. After writing all this, I decided to give translation software a try. The software I used was "DeepL Translator" developed in Germany. This translation software, which uses neural networks, is reputed to be more accurate than Google Translate and can translate even the most subtle nuances. Since the method of translation is through English, it is possible to translate between many languages.

なかなか見事な翻訳である。逆はどうだろうか。上

の英語を日本語に翻訳させた。

　コンピュータの自動翻訳機能はどこまで信用していいのか、またどのように利用すればいいのか。これは、AIが発達し、翻訳ソフトが普及してきた今、大きな問題です。ここまで書いて、私は翻訳ソフトを試してみることにした。使ったソフトは、ドイツで開発された「DeepL Translator」。ニューラルネットワークを利用したこの翻訳ソフトは、「Google翻訳」よりも精度が高く、微妙なニュアンスも翻訳できると評判だ。翻訳の方法が英語を介しているので、多くの言語間で翻訳することが可能です。

ここまでできるとは予想していなかったので、正直、驚いた。しかし、いくつかの例文で翻訳を試したところ、相性があるらしく、うまく訳せない文章もあった。なかには、複数の翻訳文が続いて示されることもあった。ちなみに、Google翻訳も同じように使ってみたが、才能のある学生と、才能はないが努力する学生くらいの差があった。

10年前、10年後の自動翻訳
　10年前の自動翻訳はひどかった。たとえば、2011年に刊行されたアインシュタインの伝記の下巻に「こ

れらのすごいブタが、あなたの精神に触れるのに最終的に成功したと立証します」「堂々とした風采となだめている単語の両方で」のような、意味不明の日本語が記載されていた。上巻の翻訳者がAmazonの書評欄に★一つをつけて、その間の事情を説明している。要するに、科学系翻訳グループが「自動翻訳」し、編集者も読まないまま出版したという無責任の連鎖の結果である。

　私自身も、自分の書いた30ページほどの英文報告書の日本語翻訳を頼んだところ、とんでもない翻訳が戻ってきて驚き、結局、自分で翻訳した経験がある。

　AIを用いた自動翻訳は、この先もどんどん進化するであろう。10年後には、同時通訳機能をもった携帯翻訳機ができるかもしれない。オンライン会議用のソフトにも組み込まれるかもしれない。そこまでくると、外国語を習う理由もなくなるのだろうか。世界中の人が、外国語に関心がなく、必要性も感じないアメリカ人のようになってしまうのではないかと心配になる。

　しかし、よく考えてみよう。外国語は文化の反映でもあるのだ。すべてを自動翻訳に任せていたら、語学力が進歩しないだけではない。多様性への理解がなくなり、国際間の理解が一方的になってしまうかもしれない。翻訳機に頼らず、自分の脳内のニューラルネットワーク（神経網）を鍛えるべきである。

2. 英語を聞く

耳がよいとは

話し言葉は発信されるそばから消えていく。聞く人は、話す人と同じスピードで英語を理解することを強いられることになる。ヒアリングの得意な人を「耳がよい」と言う。実際には何がよいのであろうか。それは、言葉の発音、アクセント、イントネーションなどの細かな違いを聞き分けられる能力であろう。そして、もう一つ大事なのは、言葉を、活字ではなくスペルでもなく、耳で覚えていることである。野口悠紀雄の本には、英語の聞こえない音、連結する音などの例がたくさん出ている。そういう単語を聞こえたまま記憶することが大切である。

ときどき、早口の人がいる。しかし、早口だから分かりにくいというわけでもない。慣れてくると、歯切れがよく、テンポもよい英語は、むしろ心地よく聞こえる。早口でも、聞きとりやすい英語を話す人がいる。ゆっくりでも分かりにくい人がいる。

穴埋め問題

英語を聞いていると、聞き取れない単語、初めて聞くような単語に出くわす。聞き取りとは、結局、穴埋め問題である。文脈から穴を埋め、全体として理解す

る。穴埋めに失敗して、間違って解釈することもある
かもしれない。失敗を重ねながら、上達していくほか
ない。

第6章で紹介したように、EUの外交官でさえ、イ
ギリス人が話すときには、同時通訳のイヤホンをつけ
る人が多いという。英語ネイティブのなかには、わざ
わざ難しい言い回しをする人もいる。行ったり来たり
して、まとまらない話をする人もいる。

英語が聞き取りやすいかどうかは、相手のレベルに
もよる。一般に知識人は分かりやすい英語を話す。こ
ちらが分からないと思ったら、すぐに表現を言い換え
てくれる。彼ら／彼女らは、決して「無邪気で鈍感」
ではない。「気が利いて敏感」といってもよいだろう。

ヒアリングの勉強には、英語のスピーチを聞くのが
よい。ケネディ大統領の有名な演説でも小説でも、何
でもよい。インターネットには、ヒアリングのための
材料がたくさんそろっている。大きい本屋に行けば、
小説などのオーディオ版も売っている。私が好きなの
は、村上春樹が翻訳した短編小説のオーディオ本であ
る[54]。小説そのものも感動的だし、英語の朗読も素
晴らしい(村上本人の朗読ではない)。

3. 英語を話す

英語を流暢に話したい。ネイティブのようなきれい

な発音で話したい。会議でも、積極的に発言できるようになりたい。白熱した議論もすべて分かるようになりたいものだ。英語を勉強している人、仕事で少しでも英語を使っている人は誰もがこのように思っているであろう。しかし、バイリンガルでもない限り、これはなかなかハードルが高い目標である。言葉の壁は厚く高く、母の教えはいつまでも残る。

　そもそも、英語と日本語では、発音の仕方も違う。声帯を通った空気が、口腔内空間における舌の位置を微妙に変えて送り出されることにより言葉となる。こんな高等技術は、赤ん坊から10歳までの間に覚えない限りできるはずがない。

　逆に言えば、英語を母語とする人のように英語を話すことを英語学習の目的にするのは高望みであり、そして、そのような人を英語が上手だと思うのは間違いということになる。言葉は、自分の中味を表現する手段なのだ。無理に表面を繕うのではなく、中味を充実する方がよほど大事だし、尊敬される。

　明石康元国連事務次長も、英語を話すときに一番大事なのは内容であると言っている。うわべの英語らしさが問題なのではない。内容をしっかりと理解してもらうことが大事だというのだ[55]。

　　　[日本の英語教育は]発音や流暢さだけを追い求める向きがあるが、これは間違っている。格調あ

る言葉を使う必要は日本語でも外国語でも同じである。発音については、余りひどい片仮名発音は禁物であるが、発音が全く英米人のようである必要はなく、ある程度の訛りはかまわない。多少の訛りは、話している人の文化的アイデンティティーを示しており、世界が多様であることを物語っている。……流暢さより、話す内容の方が、はるかに重要なのである。

　語学習得の近道はない。恥をかき、反復をいとわず勉強しながらも、過度に完全主義にならないことだ。

文章単位で話す

　英語を話すときに一番まずいのは、単語は出てくるが文章にならないときである。文章が途切れ途切れになり、言葉につまってしまい、「えーと」などと日本語をはさんだりする。「流暢」"fluent"と言うように、流れるように話したいものである。とはいっても、途中で単語が出てこないで言葉につまることはままある。所詮、英語を聞くのは穴埋め問題、話すのは言い換え問題を解いているようなものである。話をしているときに、言葉につまったらとっさに言い換えをする。いつでも臨機応変に対応できるように備えていることが大切である。

　流れるように話すには、単語ではなく、文章として

話す必要がある。一つの文章を一気に話す。そのために、文章としての英語が頭に入っている必要がある。その訓練には、英語を書くことが役に立つ。文章を書いているうちに、英語の構文が次第に頭の中に蓄積されてくる。

話すためには書くのが大事

文章単位で話すためには英文を書く訓練が大事とは、私も経験で得たことであったが、2020年暮れから2021年春に出た、2冊の「英語独習(学)法」の本も同じことを書いている。今井むつみは「ライティングが自由にできるようになれば、スピーキングは短期間の集中的な練習で上達する」と言う[50]。野口悠紀雄は「英語を書くことになれていれば、徐々に「話せる」ようになるだろう」と言う[53]。なぜだろうか。それは、英語を書くとき、単語は文章のなかに位置づけられ、一つのまとまった文章として頭に残るからだ。

アクセントとイントネーション

内容が大切だといっても、あまりにもひどい発音では困る。何回も聞き返されると自尊心を傷つけられる。聞き苦しくない程度の英語らしい発音を心がけたいものである。英語らしく聞こえるためには、アクセントとイントネーションに気をつけることである。アクセントを間違えると通じないことが多い。言葉の常とし

て、アクセントには、ある程度の法則性があるが、例外も多い。

　イントネーション（声の上がり下がり）にも注意が必要である。日本語はフラットな発音であるため、日本人の英語は、平板になりがちである。英語を含む多くの欧米語の場合はアクセントとイントネーションによってスピーチの音階がつくられている。イントネーションによって、何を言いたいのかをはっきりさせることができる。逆に言うと、少しくらい発音が悪くても、イントネーションによって英語らしく聞こえる。

　アクセントもイントネーションも聞いて覚えるほかない。その意味で、話すためにはヒアリングが非常に大事である。

カタカナ英語から抜け出す

　タレントのデーブ・スペクターが、日本人の英語の問題はカタカナで覚えることにある、と言うのを聞いたことがある。カタカナ英語をカタカナのまま話すと、典型的な「ジャパニーズ・イングリッシュ」になってしまう。英語の発音を、日本語の５つの母音だけで話そうとするのは、もともと無理というものである。

　カタカナ英語を直すのにはどうしたらよいか。電子辞書で単語を調べたとき発音も確かめる。さらに、"shadowing and overlapping"といわれる、聴いた英語をそのまま言ってみて、発音を近づける方法が有効で

ある。根気よく努力を続けることが大事である。

LとR

　英語の発音で難しいのはLとRである。われわれが話すと、どちらもラ行の発音になってしまう。英語のLとRは、日本語ネイティブには違いが分からないような、微妙な発音であることも一つの理由である。英語ネイティブにとっても、LとRの発音はときに混乱をもたらす。2021年のアカデミー賞候補になった映画『シカゴ7裁判』（"The Trial of the Chicago 7"）には陪審員の名前がDellingerかDerringerかをめぐって混乱するシーンがある。彼らでも聞き間違い、言い間違いがあるのだ。それに、Rの発音は、ドイツ語、フランス語、英語では相当に違う。英語のLとRの発音だけが、標準というわけではない。

　LとRの発音が完全にできなくとも、そんなにとんでもないことにはならない。"rice"（米）と"lice"（louse（シラミ）の複数形）を間違えると大変なことになると言われるが、この二つを混同するのは、文脈を理解できない人である。気にする必要はない。LとRの発音は、われわれにとってハードルの高い努力目標である。

細かい文法は気にしない

　英語を話すとき、文法が気になって上手く話せないという人がいる。しかし、英語の文法はラテン系の言

語に比べるとはるかに簡単である。主語があり、述語
があり、目的語があれば、英語の基本文型になる。最
初のうちは、定冠詞にするか、不定冠詞にするか、三
人称単数の動詞には"s"をつける、というような「細
かい」文法はあまり気にしなくてよい。自信がないと
きは、聞こえないような小さい声で冠詞を発音してご
まかす。しかし、何でも複数形で言う人がいるが、複
数形の"s"はよく聞こえてしまうので、気をつけた方
がよい。

　私は今でも、英語を話しているときに、1分に1カ
所くらい、文法的な間違いに気がつく。たとえば、単
数形と複数形、能動態と受動態、過去形と現在形など
である。自分でも気がつかないような間違いは、その
数倍はあるであろう。しかし、気がついてもそのまま
話し続ける。いちいち細かい文法を気にせずに、話す
ようにしよう。何しろ「無邪気で鈍感」な人たちの言
葉なのだ。

質問と回答

　会話の基本は疑問文と回答である。会議などでは積
極的に質問しよう。質問のコツは、こみいった議論に
なる前、せいぜい三番目くらいまでにすることだ。質
問をすると、会議に積極的に参加しているという気分
になれる。

　回答するときには、質問に対して真摯に向き合い、

明確に答えなければならない。政治家のように「お答えは控えさせていただきます」などと言ったら、信用をいっぺんで失うであろう。

Yes と No

大江健三郎の『あいまいな日本の私』には、クリントン大統領が日本に行くロシアのエリツィン大統領（当時）に「日本人は NO という意味で YES と言うことがあるから気をつけるように」と忠告したエピソードが紹介されている[9]。確かに、外交の場で、Yes/No の使い方を間違えたら大変だ。

日本語と英語ではどこが違うのだろうか。それは、日本語の「はい／いいえ」が質問者への「同意／不同意」を示すのに対し、英語の"Yes/No"は質問の中身への答えとなるためである。このため、肯定形の質問文では日本語も英語も同じだが、否定形の質問では逆になる。

"Yes/No"の使い分けはとっさにはできない。私は、日本語の質問に対しても英語と同じように答えるようにして、やっと慣れることができた。

次の文章は藤沢周平の短編小説の一節である[56]。2回「はい」という言葉が出てくる。①②の「はい」は、英語では、Yes、No のどちらに当たるか考えてみよう。

茂左衛門はふと夢から覚めたように声を掛けた。
「お里は、まだ見つからないか」
「はい」[①]
宗助は闥際に膝をついて答えた。
「探しておりますが、まだでございます」
「続けて探してくれ」
　宗助ははい[②]、と言い、無表情に主人の顔を見返したが、一礼して部屋を出て行った。

　①の「はい」は、「見つからないか」という否定疑問文に対して、質問者に同意するという意味の答えであって、質問の意味に対する答えではない。英語では、"No"と答えなければならない。
　②の「はい」は、「探してくれ」という肯定文に対する返事である。英語でも"Yes"となる。

イギリス英語とアメリカ英語

　イギリス英語とアメリカ英語では、スペル、言葉の使い方、発音がかなり違う。小さいスペルの違い（colour/color）など、どうでもよいと思うのだが、どちらも譲ろうとしない。「素晴らしい」の表現もアメリカ英語とイギリス英語では違う。会話で"lovely"が聞こえたら、イギリス人と思ってよい。アメリカ内部でも、東海岸と南部ではずいぶんと発音は違う。イギリスでもロンドンとスコットランドは違う。オーストラリア、

インド、シンガポールの英語が、それぞれに特徴があるのはよく知られている。

結局、英語は一つではない。国際語になった英語は、イギリスの英語、アメリカの英語が正統派というわけではなく、日本人の英語もまた、国際語としての英語の一つであり、自信をもって話していいのだ。

横メシの会話

英語など、西欧の言葉で話しながら食事することを、「横メシ」と言うらしい。私は、WHO の研究所に勤めていた 3 年間、食通の街リヨンの食事を楽しみに研究所に来たアメリカ人などを案内して、街のフレンチレストランでずいぶん横メシを食べたものだ。レストランで必要なフランス語を学ぶためにも相当の月謝を払ったことになる。

席を改めて自由に会話を楽しむのは、研究者の考え方、生き方を学ぶ上で貴重な時間であった。このような席での話題は、科学だけではなく、社会問題、歴史、芸術と、幅が広い。日本について聞かれることも多かった。それに、ユーモアの感覚も必要である。

村上春樹の『やがて哀しき外国語』というエッセイには、パーティの席で、外国語で自分の気持ちを正確に伝えるコツについて書かれている[57]。

　　(1)自分が何を言いたいのかということをまず自

分がはっきりと把握すること。そしてそのポイントを、なるべく[パーティの]早い機会にまず短い言葉で明確にすること。

　(2)自分がきちんと理解しているシンプルな言葉で語ること。難しい言葉、カッコいい言葉、思わせぶりな言葉は不必要である。

　(3)大事な部分はできるだけパラフレーズする（言い換える）こと。ゆっくりと喋ること。できれば簡単な比喩を入れる。

　以上の三点に留意すれば、それほど言葉が流暢じゃなくても、あなたの気持ちは相手に比較的きちんと伝えられるのではないかと思う。しかしこれはそのまま〈文章の書き方〉にもなっているな。

　それにしても、村上春樹をして「やがて哀しき外国語」と言わせるのは、英語学習の将来を暗示しているようで、哀しくなる。

4. 英語を書く

書く英語には正確さが必要

　話す英語は、その場の瞬間的な反応なので、ある程度の間違いは許容される。状況を共有していれば、誤解されることもなく、意志疎通できる。しかし、レポート、報告書、申請書、論文になると、ていねいに読

まれるし、あとまで残るので、きちんとした英語でなければならない。文法的な間違いの多い英語論文や申請書は、それだけで信用を失うであろう。

そもそも、外国人にとって、母語以外の言葉で完璧な文章を書くのは、非常に難しい。それでも、われわれは、英語を書かねばならない。われわれの書く英文は、文法的に間違いがあるだろう。言葉のもつ細かいニュアンスまでは理解できないまま書いているであろう。しかし、書いてみることだ。経験を重ねるにしたがい、だんだん苦労なく書けるようになる。書いた文章は、文章として頭の中に残っているので話すときもスムーズに言葉が出てくるようになる。

英語でも簡潔・明解・論理的に

説得力のある文章を書くためには、日本語でも英語でも、簡潔・明解（clarity and brevity）と論理的な流れ（logical flow）が重要である。そのためには、書く内容について、その背景から本質まで、正しく理解していることが大事である。きちんと理解していれば、論理的で筋の通った展開で話を進められるはずである。

文が短ければ、文の構造は分かりやすく、そこに入るコンテンツも少なくなり、文はより明解になる。日本語でも英語でも同じである（p. 20）。レゲットは、1文は単語数にして20くらいで構成するのがよいと言う[26]。40語以上であれば2つに分けることを考える。

日本語と同じに、3 行以上の文章は 2 つに分けた方が
よい。

Watson & Crick の DNA 構造の論文

一つの例として、Watson と Crick が 1953 年に発表
した DNA 構造の論文の最初と最後のパラグラフを見
てみよう[37]。

[First paragraph: Introduction] We wish to sug-
gest a structure for the salt of deoxyribose nucleic
acid (D. N. A.). This structure has novel features
which are of considerable biological interest.

[Last paragraph: Conclusion] It has not escaped
our notice that the specific pairing we have postu-
lated immediately suggests a possible copying
mechanism for the genetic material.

[最初のパラグラフ：序文]われわれは、デオキ
シリボ核酸塩(DNA)の構造を示したい。その構造
は、生物学にとって非常に重要な新しい特徴をも
つ。

[最後のパラグラフ：結論]われわれが提案した
特別なペアリング*が、遺伝物質の複製メカニズ
ムを直接示していることは誰も無視できない。

*アデニン(A)とチミン(T)、グアニン(G)とシトシン(C)の

ペアリング。

　20世紀最大の発見といわれるこの論文は、『ネイチャー』誌の1ページと数行しかない。文章は、簡潔にして明解である。最初のパラグラフの文は、14語と11語の二つの文章、最後のパラグラフの結論は23語の一つの文章に過ぎない。それが、20世紀最大の発見の論文である。

最初から英語で、はっきりと書く

　知的文章は、英語でも日本語でも、誤解がないようにはっきりと書かれていることが大事である。DNA構造の論文は、短い文章のなかに、主張したい内容が明解に書かれている。英語でよい文章を書くためには日本語が大事だ。日本語でも何を言いたいのかが分からないような文章を書いている人が、英語になったら、突然、明解な英文を書くなど考えられない。

　しかし、「よい日本語で書かれた文章を完全に翻訳すれば、よい英語になると思うかもしれないが、必ずしもそのようにはならない」とレゲットは言う[26]。なぜだろうか。彼の意見によれば、それは、「思考様式（patterns of thought）」の違いだ。たとえば、日本人は強い自己主張を避けるので、結論がはっきりしない。欧米の読者には、確信のもてない結論にとられてしまう。あいまいさを好む日本人が英文を書くには、まず、

このような思考様式から脱却しなければならないのだ。

　確かに「空気を読む」「忖度」「和をもって尊しとなす」「儒教精神」「性善説」などの思考様式は、おだやかな生活の場と人間関係を提供してくれるのだが、報告書、調査書、論文を書くときには批判的に考えるようにしなければならない。

　このためには、最初から英語で書くことが大事だ。日本語を書いてから英語に翻訳しようとすると、どうしても日本の思考様式にとらわれ、あいまいな書き方になってしまう。慣れないうちは大変かもしれないが、「英語脳」に近づくための大事なステップである。

I think を使わない

　日本人の英文の一つの特徴は、"I think"を多く使うことだという。第2章、文例2-8で述べたように、「思う」「思われる」と書く癖が残っているためであろう。日本人学生を指導しているネイティブ教員は、論文それ自身が"I think"の内容の表明なので、論文のなかでまで"I think"を繰り返して使うべきでないと、学生に指導しているという。"I think that . . ."の"that . . ."以下から書き始めるべきだというのだ。確かに、その通りだと私も思う。

冗長な表現は禁物

　現役の研究者時代に私は、英語で論文を書く際には

英語ネイティブの市原エリザベスさんに見てもらって
いた。研究者でもあったエリザベスさんは、私の元の
英語を生かしながら、きちんとした英語に直してくれ
た。

そのとき、厳しく直されたのは、冗長な表現(redun-
dant)と、言葉が多い表現(wordy)である。持って回っ
た書き方、言葉の多い文章は、より直接的な表現に変
えられた。『ライフ・サイエンスにおける英語論文の
書き方』は、私の座右の書であった[58]。

力強い動詞を使って能動態で書く

よりよい英文を書くためには、力強い動詞を使うこ
とである。be動詞、"do""make""take"のような一
般的な動詞を繰り返し使うと、文章が平板になる。

受動態は、論文で広く使われる。エリザベスによる
と、1920年頃から三人称単数と受動態で論文を書く
"scientific style"が一般的になったという[58]。これは、
主語を明確にしたがらない日本人には最も書きやすい
文体であった。しかし、能動態の文章は、受動態より
も簡単な直接的な表現であるため、短く、かつ分かり
やすい。力強い動詞を使って能動態で書くことを心が
けよう。

修飾語

動詞、名詞は、修飾語(副詞、形容詞)を上手に使う

と英語らしくなる。たとえば"consider"と書くとき"carefully""rationally""scientifically""strictly"などの副詞をうまく加えて使うと、文章をふくらませることができる。

ただし、修飾語によっては大げさ過ぎたり、場違いな感じになったりすることがあるので注意する。前章で紹介したSkELLや『英和活用大辞典』(研究社)を参考にして、適切な修飾語を選びたい。

関係代名詞

第2章で述べたように、関係代名詞がないのは、日本語の制約の一つといってもよいであろう。英語らしい表現をするためには、関係代名詞(who, which, that)を上手に活用しよう。それにより、英語らしくなり、分かりやすくなるはずである。

関係代名詞は、先行する名詞を受け、その後に説明する節をしたがえる。したがえる節は、次の2種類がある。

- 先行詞を同定する節(identification)：
  "that""which"(カンマなし)
- 先行詞を説明する節(description)：
  ", which"(カンマあり)

実際には、両者の使い分けは難しい。ケルナー(Ann

Körner)は、関係代名詞の後の文章に"incidentally"(たまたま)という単語を入れてみることをすすめている[59]。それで意味が変わったら、先行詞と関係節がしっかり対応していることになるので"that"あるいは"which"(カンマなし)、変わらなかったら対応が緩いので", which"(カンマあり)を使うというのである。

冠詞

英文法で意外に難しいのは、名詞である[60]。数えられるか(countable)、数えられないか(uncountable)で、まず二つに分かれる。次に、普通名詞、固有名詞、集合名詞、物質名詞、抽象名詞に分類される。使おうとしている名詞がどの種類の名詞かを知らないと"two furnitures""three evidences""four peoples""five fishes"などと書いてしまう(正しくは"two sets of furniture""three lines of evidence""four people""five fish")。

名詞をさらに難しくしているのは、冠詞である。日本語には冠詞がないので、冠詞のような余計な冠がつくことによって微妙に名詞の立場が違う、など考えたことがないのだから仕方がない。ちなみに、フィンランド語、ロシア語、中国語、韓国語にも冠詞はない。

冠詞の使い方の原理は、それほど難しくないように見える[61]。

- 不定冠詞[a/an]：one of many

• 定冠詞［the］：one and only

　"a/an"も"the"も「一つ」ですと言っているのだが、"a/an"の場合は、ほかにあるかもしれない。しかし、"the"のときは、ほかにない唯一のものになる。さらに、書く人と読む人の間で、その存在を共有しているときに定冠詞を使う。日本語の会話で、「あのソフト」「例の本」と言うときは、明らかに会話に参加している人の間で対象が共有されているので、"the"を使ってもよいことになる。

　ウィスコンシン大学留学中に、教授に"a"と"the"の使い方を教えてほしいと頼んだとき、感覚で使っているので教えられない、と言われたのを思い出した。それは、日本語の「は」と「が」の違いに似ている（第1章）。この違いを外国人に教えるのはかなり難しい。

　マーク・ピーターセン（Mark Petersen）は『続日本人の英語』のなかで"The Japanese have to learn the importance of a level playing field in international trade"という新聞記事を取り上げて、Japaneseにわざわざ"the"をつけた意味を解説している[62]。"The Japanese"は、すべての日本人をひとまとめにして扱っていることを意味している。あえて日本語に訳すれば、「日本人というものは」という意味になるだろう。そのような裏の感情が"the"に込められているなど、わ

185

れわれには分からない。

ネイティブが話すとき、"the, the, the, the"あるいは "a「ei], a, a, a" と言いながら、言葉を探すことがある。ネイティブには、言葉よりも冠詞が先に頭に浮かぶのだ。

冠詞を間違えても気にすることはない

野口悠紀雄は、メールでも論文でも、冠詞が間違っていたら英語ではない、とネイティブの教授から注意されたことがあるという[53]。その一方、冠詞にそれほど神経質になる必要はないという、われわれの味方もいる。日本人の英語に詳しい2人のイギリス人、レゲットと市原エリザベスだ。

レゲットは "I would advise authors not to worry about 'a' and 'the'." それよりも大事なことがたくさんある、と忠告してくれている[26]。市原も「日本の科学者は、皆さん冠詞を心配しておられるよう……ですがそんなに心配することはありません。……冠詞の有無で、文の意味が全く変わることはありません。ただ、正しく使わなければ、英米人にへんに聞こえるだけです」と言う[58]。

最後に、いい加減で真面目な、私の冠詞との付き合い方を参考までに書こう。

① 冠詞に自信がないので、話すときには小さい声

で言うようにしている。ごく最近まで "On the behalf of ..." と余計な定冠詞をつけて、平気であいさつをしていた。

② しかし、英文を書くときは、一つひとつの名詞について、冠詞について一生懸命考えるようにしている。間違えたとしても、考えるプロセスは大事だ。それでも間違える。最終的には、ネイティブ・チェックに任せる。

お手本を探す

普段から、英語を読むときによい英語の文章をマークし、自分用に英語表現のストックをつくっておくとよい。定評ある英語の教科書は、英文もまた優れていることが多い。ただし、気をつけなければいけないのは、文章をそのまま使うと、第3章で注意したように盗用検出ソフトによって盗用とされかねないことである。それを避けるには、お手本となるような文章(useful expression)をそのまま使うのではなく、その骨格、構造、表現を学ぶのにとどめることである。骨格だけをまねて、主役となる言葉を貼り付けるようにする。

たとえば Watson & Crick の論文でいえば、次の骨格をお手本とし、形を変えて使うのは問題ないだろう。

We wish to suggest that. ...

. . . are of considerable biological interest

It has not escaped our notice that. . . .

the specific finding we have postulated (immedi-
ately) suggests. . .

ネイティブに読んでもらう

　一応、英文が書けたら、最後に英語ネイティブにチェックしてもらおう。英語としてはおかしい表現、単純すぎる文章、反対に複雑で分かりにくい構文など、ネイティブから見ればおかしな文章があるはずである。

　しかし、母語の日本語の文章をきちんと書けない日本人がいるように、きちんとした英文の書けないネイティブが少なくないことにも気をつけなければならない。原文を生かしながら、的確に直してくれるよう校閲してくれるネイティブを探して頼むようにしよう。

第8章

英語でメールを書こう

1984年、私は Frances Hunter-Fujita（Reading 大学、微生物学）と共著で『科学者のための英文手紙の書き方』という本を出版した[63]。1970年代に WHO のがん研究所で仕事をしていたときに、回覧される公用手紙のなかから役に立ちそうな文章を、自分のためにカードに残したのが基礎になっている。

その文例の多くは、本の成り立ちを反映してイギリス英語であった。今回、とくにアメリカ英語の観点から見直し、メールを書くのに役に立つ文例の一部を紹介する。[　]内は書き換えられる単語、（　）内は補筆できる単語を示す。

1. 役に立つ書き出しの文例

重要な差出人と件名

文例を紹介する前に、いくつかの注意点を記しておく。

まず、メールを受け取ったとき、最初に目にするのは差出人（From）と件名（Subject）である。この欄が怪しげであると、受け取った人は、メールを開かずに、読む前にゴミ箱に捨ててしまうかもしれない。この二つの項目は、メールを検索するときにも使われるので、検索しやすいような名前、件名を書くようにする。

複数の事項を一つのメールに入れると検索で引っかからないことがある。後のことを考えると、件名に複

数の事項を書くか、別々のメールにした方がよい。

短い文章、短いパラグラフと添付

　手紙と比べると、メールは手軽であることもあり、英語の間違いも少なくない。しかし、メールだとなんとなく許されてしまう。多くの場合、メールは差出人本人が書き、パソコン、あるいはスマホの画面で読まれる。このため、あまり長い文章は歓迎されず、短い文章、短いパラグラフにすべきである。パラグラフの間は 1 行空けると読みやすい。

　メールであれば、簡単に文書、写真などを添付できる。正式な文書(報告書、招待状、会議案内など)は、メール本文に書くより添付書類として送った方がよい。とはいえ機密性の高い文書を普通の添付で送るのは危険である。パスワードで守られた送付ソフトを使う。

一般的書き出しの文章

① I am writing to inform you that. . . .

② I am emailing you because. . . .

③ I am happy to inform you that. . . .

④ I am sorry to inform you that. . . .

⑤ This is to inform you that. . . . / This is to confirm that. . . .

⑥ I hope you are doing well [you are well]. / How are you doing?

①〜④はていねいな書き方、⑤は堅苦しい書き方、⑥は個人的に親しい人へのメールの書き出し。

面識のない人にメールを出す
面識のない人へのメールは、ていねいに書く。

① Although I have not met you in person, I am familiar with your name through. . . .

② Professor Walter Bonatti, University of . . ., suggested that I write you. . . .

③ I would like to introduce myself. I am working. . . .

④ I would like to take this opportunity of introducing myself. I was recently appointed to the staff of. . . .

返事の書き出し
① Thank you for your email.
② Thank you for your email of May 3,
　　　in which you offered. . . .
　　　from which I am pleased to learn that. . . .
　　　which I read with great interest.
　　　which has been forwarded to. . . .
③ Thank you for your email of May 15,

> informing me of. . . . / letting me know. . . .
> / indicating. . . . / inquiring about. . . .

④ I am happy to hear that. . . . / I am very pleased that. . . .

⑤ I am sorry that. . . .

⑥ Thank you for your quick response.

⑦ In reply to your mail of May 3,. . . .

⑧ I confirm that I have received your email. / I have received your email.

②〜⑤では、もらったメールの内容を書き確認している。⑦⑧は事務的な返事。

返事が遅れたとき
返事が遅れるのはよくあることだ。ていねいに謝る。

① I regret not having replied sooner.

② I apologize for not having sent sooner.

③ I am ashamed not to have written to you sooner.

④ I am sorry for my considerable delay in answering. . . .

⑤ I apologize for not having kept you informed about. . . .

⑥ I realize that the date for sending my comments

has long passed but hope they may still be of some use.

⑦ Please excuse my late reply.

⑧ Sorry for not having kept in touch. / Sorry to have been out of touch.

⑨ I was away on sick leave. I've been caught up in my work. / I've been under a heavy workload. / I was on vacation [on holiday/on holidays].

⑩ I apologize (once again) for any inconvenience caused you by this delay.

⑪ I apologize for having inconvenienced you.

⑫ I hope that this will not inconvenience you.

⑥は「遅れたが、なんとか間に合うとよいのだが」。⑨は言い訳。⑩〜⑫はメールの最後にもう一度詫びる文章。"inconvenience"は動詞としても使える。ただし、"convenience"は動詞として使えない。

2. 役に立つ一般的文例

依頼、問い合わせ

① I would appreciate your booking. . . .

② I would appreciate it if you could. . . .

③ I would be pleased [obliged] if you could kindly. . . .

④ Any information you could give me concerning . . . would be much appreciated.

⑤ I am writing to ask whether you would be able to. . . .

⑥ I have a favor to ask. Would you please. . . ? / I have a favor to ask of you.

⑦ I would like to ask you to. . . .

①〜④は「○○していただけたらありがたい」と、間接的に頼むていねいな依頼文。②の "it" は "if" 以下を指す。⑤⑥は普通の依頼文。⑦は直接的な表現。

お礼

① Thank you for inviting me to. . . . / I am grateful for your invitation to. . . .

② I (would like to) thank you for. . . .

③ I (would like to) thank you in advance for. . . .

④ Thank you for your quick reply.

⑤ I appreciated your warm hospitality. / I was grateful for your hospitality.

嬉しい

① I am delighted that. . . . / I am very [so/extremely] happy [glad/pleased] that. . . .

② I have much [great] pleasure that [to]. . . .

③ I am happy to accept your invitation. . . .

④ I would be happy [glad/pleased] to join you.

⑤ I am willing to review the manuscript. . . .

⑤は「する意思がある」「するのをいとわない」。頼まれたことを引き受けるとき。

おめでとう

① Congratulations. / Congratulations on your graduation [your marriage/passing the national exam].

② I would like to congratulate you on your new job.

③ I am really excited to hear that you've been selected for the JSPS fellowship.

④ It's great to hear that you have been appointed as head of. . . .

⑤ Congrats! / Good job! / That's great news.

⑥ I am proud of you.

①では間投詞的に最初に"Congratulations"と書く。お祝いの意志が強く感じられる。"Congratulations"は努力して得られたことを祝うときに用いるのが普通だが、努力の有無にかかわらず結婚に対しても使える。②③は形式的、⑤は親しい友人、あるいは目下の人宛

て。⑥は同僚、あるいは目下の人宛て。

訪問、招待

① I will be participating in the 3rd World Congress
   of. . . . Taking that opportunity, I would like to
   visit your laboratory sometime between. . . .

② My colleague, Dr. Chiba, plans to visit Germany
   this summer and would very much like to visit
   your office.

③ We are planning to hold an international sympo-
   sium entitled ". . .". We would like to invite you
   to be a keynote speaker at it.

④ I would like to use your sabbatical stay at Kyoto
   University as an opportunity to invite you to
   give us a seminar on. . . .

①は「外国に行く機会に訪問したい」。②は訪問者
の紹介。③は国際会議への招待状。④は「サバティカ
ル(sabbatical stay)の機会にセミナーをしてほしい」。

訪問、招待への返事

① We are delighted that you will be visiting us.

② You are most welcome to visit our laboratory.

③ I regret that I am unable to accept your kind in-
   vitation.

④ I am already committed to visiting the US at that time.

⑤ due to a health reason . . . / due to a previous engagement [commitment] . . .

①②は訪問者への承諾。③は招待を断る。④⑤は断る理由。

送り状

① I am sending my recent publications on . . . separately [under separate cover].

② I am sending my CV and publications for your consideration.

③ I am sending you my completed application form.

④ I am taking the liberty of sending [to send] you. . . .

①の "under separate cover" は別便で。④の "take the liberty of [to]" は「勝手に送る」「独断で送る」のていねいな言い方。

書類などの添付

① I am attaching (herewith) the minutes of our meeting.

② Please find attached the PDF of. . . . / Attached, please find. . . .

③ Attached is a copy of. . . .

④ In my previous email, I omitted attaching photos of. . . .

⑤ I forgot to attach photos of. . . .

⑥ Please find attached photographs omitted in my previous email.

⑦ I am unable [not able] to open [read] your attachment.

資料を同封して郵送するときは"attach"を"enclose"にする。①～③は添付するときの一般的文例。④～⑥は添付を忘れたとき。⑦は添付書類を開くことができないとき。

急ぐとき

① Please return the signed agreement to me immediately.

② Please let me know your opinion right away.

③ Please treat this matter as urgent. / This matter is very urgent [of great urgency].

④ Please reply as soon as possible [at your earliest convenience].

⑤ I look forward to your reply.

①の "immediately" は命令形に近い強い印象がある。

謝る

① Please accept my apologies for. . . .

② I apologize for. . . .

③ I am sorry that. . . .

遺憾、残念

① I regret that I will not be able to attend the meeting.

② It is regrettable that. . . .

③ It is with regret that we must inform you that. . . .

留学の照会

① I am interested in undertaking graduate studies at your university.

② I wish to apply for a place in your one-year master's course.

③ I am about to graduate from the University of . . ., where I have studied economics.

④ I would like to work toward a higher [MSc/PhD] degree.

⑤ I have read many of your papers and am interested in receiving further training under you in . . . as a postdoctoral researcher.

⑥ I am writing to inquire about the possibility of doing a sabbatical in your laboratory for a period of six months.

　①学部学生、②③マスター課程、④ドクター課程、⑤ポスドク、⑥サバティカルの留学を照会する際の最初の文例。

推薦状に関して

① I am applying to the WHO for an international fellowship on . . . and wonder if I could ask you to support my application as a referee.

② I am happy to write a recommendation for. . . . / I am pleased to act as a referee for. . . .

③ I am writing in support of Hiroshi who has applied. . . .

④ I recommend Ms. . . . for the fellowship ". . .". I (first) became acquainted with her when she spent a year in my office.

⑤ I have known Hiroshi since he. . . . Hiroshi is a gifted young man and I was impressed by his. . . .

⑥ I cannot, however, recommend him to you without reservation. His examination performance, while adequate to gain master's degree, was not outstanding.

　留学するときには推薦状が必要になる。①は推薦状の依頼。②は推薦状を書くのを引き受ける返事。③④は推薦できるときの推薦状の文章。⑤は推薦状に応募者との関係を最初に書く。⑥は推薦できないときの文章。

守秘

　親展状は、件名欄に"CONFIDENTIAL"と書く。なお、"CONFIDENTIAL"は秘書が開いてもよいが"PERSONAL"と指示されているときは、秘書は開くことができない。

① We would be grateful if you could treat this matter as confidential.

② Please keep this matter confidential.

③ Please consider this information to be strictly confidential.

④ Please keep the contents of this letter to yourself [between ourselves].

⑤ The information contained in this email is confidential [is intended for the addressee only]. /

The contents of this email is not to be disclosed or copied without the sender's consent.

①はていねい。⑤は多くの公式メールの後に記載されている注意書き。

メールアドレスの問い合わせと通知

① Could you let me know Helmut's email address? I seem to have mislaid it.

② I need to contact Dr. . . . I would be (most) grateful if you could let me know her email address.

③ I am making a short trip to Lyon next week and need to contact Mr. Bocuse. It would be most helpful if you could let me know Paul's email address.

④ I now have a personal email address in addition to my university address. It is ⟨. . .@. . .⟩.

⑤ I will no longer be using my current email address. Please use ⟨. . .@. . .⟩ after April 1.

①〜③はメールアドレスの問い合わせ。メールアドレスは個人情報なので、問い合わせるときには理由を書いた方がよい。④⑤は新しいメールアドレスの通知。

文字化けを知らせる

Your message of March 3 was not readable [was garbled]. Please submit it again.

文字化けに相当する英語はない。読めない(not readable)だけで意味が通じる。"garble"には、文字化けのほかに、誤って伝える、ゆがめる、取り違えるなどの意味もある。

ウイルス感染に関する通知

① VIRUS WARNING: My computer has been infected [contaminated] by a virus entitled "KORONA".

② I very much regret that the KORONA virus has infected my address book and is almost certain to have been forwarded to you.

③ This is to let you know that the KORONA virus has been removed from my system.

3. 役に立つ結びの文例

お役に立てば

① I hope that this information is of help to you [of help to your work].

② Please let me know if I can be of (any) further

help [of any assistance].

③ Please feel free [do not hesitate] to contact me if you need [wish] further information.

また会いましょう

① I hope to see you again in the near future.

② We hope that you will be able to visit us again in the not too distant future.

③ I look forward to seeing you again in either Sendai or Madison.

仕事がうまくいくように

① I hope that things are well with you.

② I hope everything is going well for you in Madison.

③ I hope that things are getting better.

①②は "with" と "for" の使い方に注意。

楽しみにしている

① I am looking forward to visiting NIH.

② I look forward to the workshop.

③ I look forward to hearing from you.

④ I look forward to receiving your opinion [thought/idea].

結びのあいさつ

① With best wishes,

② Best regards [Kind regards],

③ Everyone joins me in sending you their best regards.

④ Please send [convey] my best regards to Frances.

⑤ Cheers!

⑥ I am taking [I would like to take] this opportunity to send you and your colleagues my best wishes for the New Year.

⑦ Wishing you and your family a very Happy New Year.

　①②は一般的な結びの言葉。","で終わることに注意。④は「よろしく」。⑤は親しい友人に。⑥⑦は新年のあいさつ。

おわりに

　文章の書き方の本はたくさん出ている。私自身も2011年に『知的文章とプレゼンテーション』(中公新書)という本を出版しているし[4]、雑誌では『現代化学』と『東京理科大科学フォーラム』に連載したことがある。本書のテーマとする「知的文章」の本で一番読まれているのは、木下是雄著『理科系の作文技術』(中公新書)であろう[64]。しかし、この本が出た1981年当時は、まだパソコンの黎明期であったし、英語の必要性も今ほど差し迫ってはいなかった。本書は『理科系の作文技術』を意識して、デジタル時代、国際化時代にふさわしい本にしたいという思いで書いた。

　2016年から、私は慶応大学理工学部1年生の、それも入学したばかりの4〜5月に「これから一生レポートを書き続ける君たちへ」というタイトルで講義を行っている。素晴らしいことに、毎年、30分間の討論時間は学生諸君から鋭い質問が相次ぎ、彼ら／彼女らの熱意が伝わってくる。慶応大学の講義経験から、新たな構想のもとに執筆したのが、本書である。

　書き終えてみると、「知的文章術」などと大げさに構えながら、内容は常識的で、ときに非常識的である

のに気がついた。「日本語を大事に」「文章は短く分かりやすく」とは、どの文章読本にも書いてあるし、英語の時代がこれからも続くのも常識だ。あえて言えば、常識的なことを、一人の著者の経験を通して繰り返すことに意味があるのかもしれない。

　この本はコピペ（＝盗用）に対しては厳しい姿勢を貫いたが、全体としてストイックに徹するわけではない。「ウィキペディアを使うな」「授業や会議のときにスマホを見るな」などとは言わない。ただし、賢く使おう。スマホは、知らないことをその場で確認できるという点では、授業、会議のときにこそ活用するべきだ。ウィキペディアでさえも信用していないウィキペディアを賢く使うための方法を詳しく書いたのも、現実を重視したためである。

　英語の章は、正直に書きすぎているかもしれない。おそらく、英語教育の専門家のひんしゅくを買うであろう。それに、英語ネイティブへの恨み、つらみなどは、英語を職としている人には書けないに違いない。しかし、これは多くの人の本音であり、著者が実戦の場で得た正直な感想でもある。英語を話すときには完璧を求めずに内容を求め、書くときには最大限の努力を求めるのは、現場で英語を武器に戦う人にとっては大事なことである。

　本書執筆中に分かったことが一つある。第2章で、問題のある文章を探していたとき、新聞、論評、エッ

セイ、小説などプロの書いた文章は、ほとんどすべてがきちんとした、分かりやすい文章であった。しかし、行政文書、官僚の文書には、分かりにくい文、構造に問題のある文章が、選択に困るほど見つかった。この事実は、本書の問題提起の一つといってもよい。

　本書執筆にあたっては、これまでの本と同じように、たくさんの方のお世話になった。最初に、岩波書店編集部の猿山直美さんにお礼を申し上げねばならない。宙に迷っていた原稿を評価し、熱意と厳しさをもって本書の編集を進めてくれた。彼女との共同作業によって、新しい本として生まれ変わった。彼女の努力なしに、この本は今の形になり得なかったであろう。また、最初に本書執筆の機会をつくってくださった東京化学同人の江口悠里氏にも改めて感謝したい。

　日本学術振興会のよき同僚である宇川彰先生（素粒子物理学、計算科学）と村松岐夫先生（法学、行政学）からは、それぞれ、数学と英語および人文・社会科学系分野に関して教えをいただいた。テキサス大学前教授の木口薫博士（在米）には、英語についての章を読んでいただいた。私に講義の機会をつくってくださった慶應義塾大学理工学部数理科学科の田村明久教授と林賢一准教授からは、オンライン授業を行った経験と問題点を教えていただいた。外国語（英語、フランス語、イタリア語）に堪能な黒木亜紀（長女）は、語学学習について

コメントをくれた。英語ですべての教育を受けている小倉夏子（上智大学国際教養学部3年生、孫）は、学生の立場からオンライン授業と英語学習の問題点を指摘してくれた。メールの文章（第8章）は、Frances Hunter-Fujita と私の共著『科学者のための英文手紙の書き方』（朝倉書店、1984）[63] のなかから、とくに普段のメールで役に立ちそうな表現を再編集した。アメリカ英語の立場から文例にコメントをいただいた Bell Lincoln 氏（日本学術振興会）にも感謝したい。

中学高校時代、「開成新聞」の編集を共にして以来、70年来の親友、永沢まこと君には、章扉にイラストを描いてもらった。彼のイラスト入りの著書は、これで4冊目になる。永年の友情に感謝する。

本書も、「巨人の肩」ならぬ、著者のこれまでの研究論文と著作の小さな「本棚」の上に立っている。とくに、『知的文章とプレゼンテーション』[4] と上記英文手紙の本[63] は、stay home で太りがちな私の体重を支えてくれた。

本書が、文系、理系を問わず、日本語と英語による知的文章についての初期教育および社会人教育の一助になれば幸いである。

2021年5月31日

黒木登志夫

参考文献

〔1〕 ベーコン、フランシス『ベーコン随想集』渡辺義雄訳、p. 219、岩波文庫、1983

〔2〕 志村史夫『文系? 理系?』ちくまプリマー新書、2009

〔3〕 鷲田清一「批評と臨床　人文学と社会との距離について」『HUMAN』1、p. 52、2011

〔4〕 黒木登志夫『知的文章とプレゼンテーション』中公新書、2011

〔5〕 水村美苗『日本語が亡びるとき』筑摩書房、2008

〔6〕 清水義範『永遠のジャック&ベティ』講談社文庫、1991

〔7〕 黒木登志夫『新型コロナの科学』中公新書、2020

〔8〕 キーン、ドナルド「日本語のむずかしさ」、梅棹忠夫・永井道雄編『私の外国語』中公新書、1970

〔9〕 大江健三郎『あいまいな日本の私』岩波新書、1995
　　　ノーベル賞受賞講演の英語版は、ノーベル財団のホームページに掲載

〔10〕 野内良三『日本語作文術』中公新書、2010

〔11〕 角田太作『世界の言語と日本語』くろしお出版、1991

〔12〕 谷崎潤一郎『文章読本』中公文庫、1975

〔13〕 三島由紀夫『文章読本』中公文庫、1973

〔14〕 本多勝一『日本語の作文技術』(2015)『実戦・日本語の作文技術』(2019)朝日文庫

〔15〕 清水幾太郎『論文の書き方』岩波新書、1959

〔16〕 村上春樹『走ることについて語るときに僕の語ること』文藝春秋社、2007

〔17〕 シェイクスピア、ウィリアム『新訳　ハムレット』河合祥一郎訳、角川文庫、2003

〔18〕 村上春樹「どんな状況でも人は楽しめる何かが必要で

す(週刊村上朝日堂)」『週刊朝日』2021年2月12日号

〔19〕寺田寅彦「科学と文学」、小宮豊隆編『寺田寅彦随筆集』第四巻、岩波文庫、1948

〔20〕井上ひさし「前口上」『The座』14、1989年9月号

〔21〕警察庁交通局運転免許課高齢運転者等支援係(令和2年12月23日)通達別添資料「一定の病気に係る免許の可否等の運用基準」https://www.npa.go.jp/laws/notification/kotuu/menkyo/menkyo20201223_r232.pdf

〔22〕『新型コロナ対応・民間臨時調査会 調査・検証報告書』p. 372、アジア・パシフィック・イニシアティブ、2020

〔23〕令和2年3月28日新型コロナウイルス感染症対策本部決定「新型コロナウイルス感染症対策の基本的対処方針」https://jhep.jp/jhep/sisetu/pdf/tokuken2020_8.pdf

〔24〕『朝日新聞』2021年5月13日夕刊

〔25〕「天声人語」『朝日新聞』2021年1月23日

〔26〕Leggett, A. J. "Notes on the Writing of Scientific English for Japanese Physicists"『日本物理学会誌』21、p. 790、1966 http://www.wattandedison.com/Prof_Leggett_Notes_on_the_Writing_of_Scientific_English.pdf

〔27〕東京都福祉保健局「最新のモニタリング項目の分析・総括コメントについて」https://www.fukushihoken.metro.tokyo.lg.jp/iryo/kansen/monitoring.html

〔28〕海堂尊『ブラックペアン1988』講談社文庫、2009

〔29〕司馬遼太郎『坂の上の雲』1、p. 45、文春文庫、1999

〔30〕ヘミングウェイ、アーネスト『老人と海』福田恆存訳、新潮文庫、2003

〔31〕『新型コロナ対応・民間臨時調査会 調査・検証報告書』p. 29、アジア・パシフィック・イニシアティブ、2020

〔32〕白井健策『文章のつくり方』海南書房、1977

〔33〕丸谷才一『文章読本』中公文庫、1980

〔34〕中村明『悪文』ちくま学芸文庫、2007

〔35〕黒木登志夫『研究不正』中公新書、2016

〔36〕Takahashi, K. *et al.*, *Cell*, 125, 663, 2006

〔37〕Watson, J. *et al.*, *Nature*, 171, 737, 1953

〔38〕Danchenko, I. and Gaddy, C. "The Mystery of Vladimir Putin's Dissertation", 2006 https://www.brookings.edu/wp-content/uploads/2012/09/Putin-Dissertation-Event-remarks-with-slides.pdf

〔39〕国立教育政策研究所「OECD 生徒の学習到達度調査（PISA）――2018 年調査問題例（コンピュータ使用型、読解力問題）」https://www.nier.go.jp/kokusai/pisa/pdf/2018/04_example.pdf

〔40〕国立教育政策研究所「OECD 生徒の学習到達度調査（PISA）」

〔41〕ハンセン、アンデシュ『スマホ脳』久山葉子訳、新潮新書、2020

〔42〕Lynch, M. P. "Fake News and the Internet Shell Game", *The New York Times*, 28 Nov. 2016

〔43〕WHO "Managing the COVID-19 Infodemic: Promoting Healthy Behaviours and Mitigating the Harm from Misinformation and Disinformation" 23 Sep. 2020

〔44〕Messerli, F. H. "Chocolate Consumption, Cognitive Function and Nobel Laureates", *New England J. of Medicine*, 367, 1562, 2012

〔45〕「新型コロナウイルス感染症対策分科会第 18 回資料」2020 年 12 月 11 日

〔46〕ガロ、カーマイン『スティーブ・ジョブズ驚異のプレゼン』井口耕二訳、日経 BP 社、2010

〔47〕増谷文生「コロナ禍は大学を変えるか」『IDE 現代の高等教育』、2021 年 4 月号、p. 63

〔48〕Nerriére, J.-P. *et al.*, *Globish the World Over*, International Globish Institute, 2009

〔49〕「日本人と英語」*Newsweek*、2011 年 5 月 25 日

〔50〕今井むつみ『英語独習法』岩波新書、2020

〔51〕JST「課題大国日本　危機に直面する日本の科学技術：データから見た国際的競争力　何が問題か(2)サイエンティストの国際的流動性」

〔52〕北村一真『英語の読み方』中公新書、2021

〔53〕野口悠紀雄『「超」英語独学法』NHK 出版新書、2021

〔54〕村上春樹『ハイブ・リット』アルク、2008

〔55〕明石康「日本人の英語力」『読売新聞』2011 年 10 月 11 日

〔56〕藤沢周平『霜の朝』新潮文庫、1987

〔57〕村上春樹『やがて哀しき外国語』講談社、1994

〔58〕市原 A・エリザベス『ライフ・サイエンスにおける英語論文の書き方』共立出版、1982

〔59〕Körner, A. M.『日本人研究者が間違えやすい英語科学論文の正しい書き方』瀬野悍二訳・編、羊土社、2005

〔60〕澤井康佑『英文法再入門』中公新書、2021

〔61〕ランガーメール編集部『THE がよくわかる本』共栄図書、1996

〔62〕ピーターセン、マーク『続日本人の英語』岩波新書、1990

〔63〕黒木登志夫・ハンター藤田、フランシス『科学者のための英文手紙の書き方』朝倉書店、1984(増訂版、2003)

〔64〕木下是雄『理科系の作文技術』中公新書、1981

事項索引

人名索引

黒木登志夫

1936 年東京生まれ．東北大学医学部卒業．3 カ
国の研究所（東北大学加齢医学研究所，東京大
学医科学研究所，ウィスコンシン大学，WHO
国際がん研究機関，昭和大学）でがんの基礎研
究を行う．英語の専門論文 300 編以上．日本癌
学会会長，岐阜大学学長，日本学術振興会学術
システム研究センター副所長を経て，
現在－日本学術振興会学術システム研究セン
　　　ター顧問，東京大学・岐阜大学名誉教授
専門－がん細胞，発がんのメカニズム
著書－『新型コロナの科学』『研究不正』『iPS
　　　細胞』『知的文章とプレゼンテーショ
　　　ン』『健康・老化・寿命』『がん遺伝子
　　　の発見』(いずれも中公新書)ほか
共著－『科学者のための英文手紙の書き方』(朝
　　　倉書店)，『コロナ後の世界を生きる』『良
　　　心から科学を考える』(いずれも岩波書店)ほ
　　　か

知的文章術入門　　　　　　　　　岩波新書(新赤版)1897

　　　　　　2021 年 9 月 17 日　第 1 刷発行
　　　　　　2021 年 11 月 25 日　第 4 刷発行

　著　者　　黒木登志夫
　　　　　　くろきとしお

　発行者　　坂本政謙

　発行所　　株式会社 岩波書店
　　　　　　〒101-8002 東京都千代田区一ツ橋 2-5-5
　　　　　　案内 03-5210-4000　営業部 03-5210-4111
　　　　　　https://www.iwanami.co.jp/

　　　　　　新書編集部 03-5210-4054
　　　　　　https://www.iwanami.co.jp/sin/

　印刷製本・法令印刷　カバー・半七印刷

岩波新書新赤版一〇〇〇点に際して

　ひとつの時代が終わったと言われて久しい。だが、その先にいかなる時代を展望するのか、私たちはその輪郭すら描きえていない。二〇世紀から持ち越した課題の多くは、未だ解決の緒を見つけることのできないままであり、二一世紀が新たに招きよせた問題も少なくない。グローバル資本主義の浸透、憎悪の連鎖、暴力の応酬――世界は混沌として深い不安の只中にある。

　現代社会においては変化が常態となり、速さと新しさに絶対的な価値が与えられた。消費社会の深化と情報技術の革命は、種々の境界を無くし、人々の生活やコミュニケーションの様式を根底から変容させてきた。ライフスタイルは多様化し、一面では個人の生き方をそれぞれが選びとる時代が始まっている。同時に、新たな格差が生まれ、様々な次元での亀裂や分断が深まっている。社会や歴史に対する意識が揺らぎ、普遍的な理念に対する根本的な懐疑や、現実を変えることへの無力感がひそかに根を張りつつある。そして生きることに誰もが困難を覚える時代が到来している。

　しかし、日常生活のそれぞれの場で、自由と民主主義を獲得し実践することを通じて、私たち自身がそうした閉塞を乗り超え、希望の時代の幕開けを告げてゆくことは不可能ではあるまい。そのために、いま求められていること――それは、個と個の間で開かれた対話を積み重ねながら、人間らしく生きることの条件について一人ひとりが粘り強く思考することではないか。その営みの糧となるものが、教養に外ならないと私たちは考える。歴史とは何か、よく生きるとはいかなることか、世界そして人間はどこへ向かうべきなのか――こうした根源的な問いとの格闘が、文化と知の厚みを作り出し、個人と社会を支える基盤としての教養への道案内こそ、岩波新書が創刊以来、追求してきたことである。

　岩波新書は、日中戦争下の一九三八年一一月に赤版として創刊された。創刊の辞は、道義の精神に則らない日本の行動を憂慮し、批判的精神と良心的行動の欠如を戒めつつ、現代人の現代的教養を刊行の目的とする、と謳っている。以後、青版、黄版、新赤版と装いを改めながら、合計二五〇〇点余りを世に問うてきた。そして、いままた新赤版が一〇〇〇点を迎えたのを機に、人間の理性と良心への信頼を再確認し、それに裏打ちされた文化を培っていく決意を込めて、新しい装丁のもとに再出発したいと思う。一冊一冊から吹き出す新風が一人でも多くの読者の許に届くこと、そして希望ある時代への想像力を豊かにかき立てることを切に願う。

（二〇〇六年四月）

————— 岩波新書/最新刊から —————

(2021. 11)